60分でわかる!

THE BEGINNER'S GUIDE TO PSYCHOLOGICAL SAFETY

心理的安全性 超入門

PSYCHOLOGICAL SAFETY

ビジネスリサーチラボ 代表取締役
伊達洋駆 [著] YOKU DATE

技術評論社

Contents

Part 4

心理的安全性を高めるステップ②

メンバーに適切に仕事を与えて支援する

Part 5

心理的安全性を高めるステップ③

組織で安全な職場づくりを推進する

■『ご注意』ご購入・ご利用の前に必ずお読みください

本書に記載された内容は、情報の提供のみを目的としています。したがって、本書を参考にした運用は、必ずご自身の責任と判断において行ってください。本書の情報に基づいた運用の結果、想定した通りの成果が得られなかったり、損害が発生しても弊社および著者、監修者はいかなる責任も負いません。

THE BEGINNER'S GUIDE TO PSYCHOLOGICAL SAFETY

Part 1

なぜチーム運営で注目されるのか？

心理的安全性の重要性

心理的安全性とは

対人関係のリスクをとっても安全と思えること

心理的安全性は、学術的には「**対人関係のリスクをとっても安全であると思うこと**」と定義されており、職場や生活で注目を集めている考え方です。「心理的安全性が必要と思いますか」という質問に対し、「必要」と回答した人は7割を超えています（リクルートマネジメントソリューションズ調査）。

初対面の人どうしのやり取りを想像してみてください。関係が構築できていない相手に、自分の弱みを見せることは難しいでしょう。逆に、関係が構築できていれば「この人なら何を言っても大丈夫」と思える場合もあります。後者は心理的安全性が高い状態です。

職場に場面を移しましょう。「そのアイデアは変では？」「この進め方は非効率的では？」と感じたとき、あなたはそのことをメンバーに伝えられるでしょうか。もし伝えられるとしたら、心理的安全性が高いといえます。職場で反対意見を述べたり問題を提起したりすることができれば、**学びの機会を得られやすくなります**。

心理的安全性が高いことは、職場において有益であることが多くの研究で検証されています。職場がよりよいものになれば、その効果は組織にも波及します。しかし実態調査では、職場の心理的安全性は高くないという結果もあります。「同僚に悩み事や本音を言えるか」と尋ねると、約6割が「言えない」と回答しています。本音を言うことにはリスクを伴います。「黙っているほうがマシ」と判断する人が少なくありません。このような背景を踏まえ、心理的安全性の意義や、それを高める方法を紹介していきます。

心理的安全性の定義

心理的安全性 ＝ 対人関係のリスクをとっても安全と思うこと

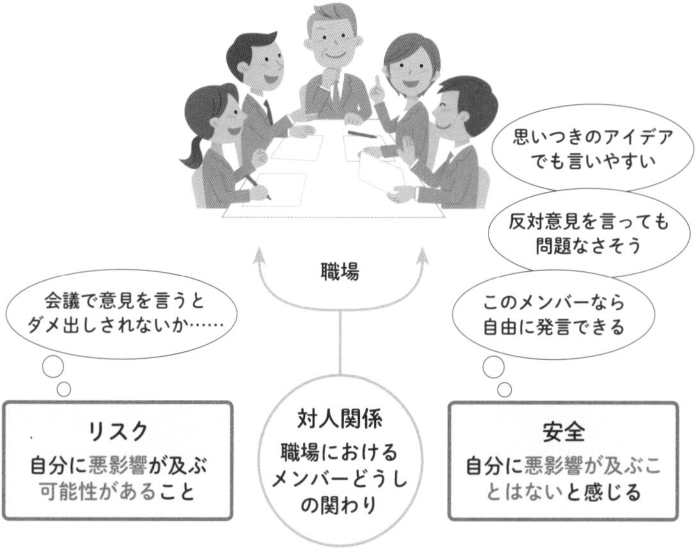

心理的安全性が果たす役割

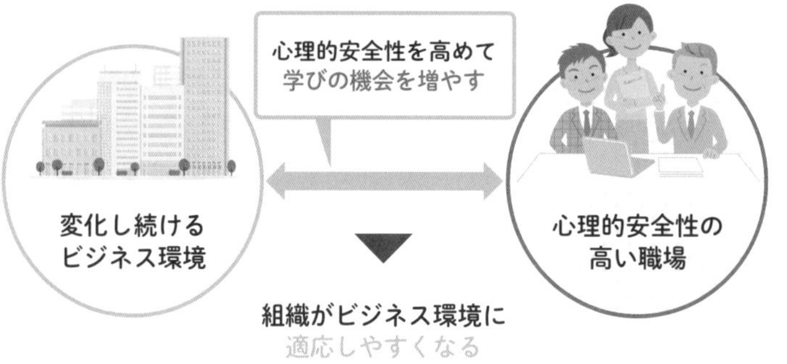

まとめ

- □ 心理的安全性が高いと、職場で学びが起こりやすくなる
- □ 心理的安全性は重要だが、あまり高くない実態がある

職場の心理的安全性をチェックする

6つの項目で心理的安全性をチェック

職場の心理的安全性を把握するには、「対人関係のリスクをとっても安全と思う」という定義だけでは難しいかもしれません。そこで、次の3項目のうち、職場に当てはまるものと当てはまらないものを考えてみましょう。

・職場では、問題点を提起できる
・職場では、メンバーどうしで故意に努力を損ねることはしない
・自分の能力は職場で適切に評価され、活用されていると感じる

これらに**当てはまるものが多いと、心理的安全性が高い職場**です。続いて、次の3項目はどうでしょうか。

・職場では、失敗したら悪く思われる
・職場において、異質なメンバーが拒絶されることがある
・職場では、ほかのメンバーに助けを求めにくい

これらに**当てはまるものが多いと、心理的安全性が低い職場**です。

ここで注意点があります。同じ職場のメンバーが上記6つの項目を考えても、回答が同じとはいえないことです。たとえば、最初の3項目について、マネージャーは「当てはまる」と回答しても、メンバーは「当てはまらない」と回答する可能性があります。これは、マネージャーには心理的安全性が高いが、メンバーには低い職場ということです。ほかにも、特定のメンバーだけに当てはまる（当てはまらない）といったことも起こり得ます。自分がこの6項目に回答するだけではなく、ほかのメンバーにも回答してもらい、互いの回答を見せ合って心理的安全性の認識の違いを確認しましょう。

心理的安全性を把握する6つの項目

●心理的安全性を確認するチェックリスト

心理的安全性の高い職場

- □ 職場では、問題点を提起できる
- □ 職場では、メンバーどうしで故意に努力を損ねることはしない
- □ 自分の能力は職場で適切に評価され、活用されていると感じる

心理的安全性の低い職場

- □ 職場では、失敗したら悪く思われる
- □ 職場において、異質なメンバーが拒絶されることがある
- □ 職場では、ほかのメンバーに助けを求めにくい

●メンバー間で心理的安全性の認識に違いが見られる場合

- 心理的安全性が「低い」と認識している人を絶対に責めない
- そのうえで、各々がなぜそのように回答したかを話し合う
- 心理的安全性の高さ・低さを表すエピソードを共有し合う
- 本書の各項目を参考に、心理的安全性を高めるための案を出し合う

まとめ

- □ 6項目に回答し、職場の心理的安全性をチェックする
- □ 心理的安全性は同じ職場でもメンバーによって異なる

職場の人間関係が重要な理由
～心理的安全性の発展～

職場学習を促す要因として提案された心理的安全性

職場の心理的安全性についての考え方を発展させたのは、米ハーバード大学のエイミー・C・エドモンドソンです。エドモンドソンの論文をもとに、この考え方がどんな背景から生まれてきたものなのかを確認しておきましょう。

エドモンドソンはもともと「**職場学習**」に関心をもっていました。職場学習とは、**さまざまな情報を収集・分析し、自分たちのルーティンを改善する**ことをいいます。職場学習を行うことで、職場をめぐる環境の変化を察知し、その変化に適応できるようになります。エドモンドソンが心理的安全性の研究を発展させる以前は、職場のパフォーマンスを高める要因として、物理的な環境や賃金制度など、組織のハード面に焦点が当てられていました。これに異議を唱えたのがエドモンドソンの論文の特徴です。職場学習を考えるうえで「**対人関係に注目すべきである**」という問題提起をして、組織のソフト面に注目したのです。なぜなら、職場の対人関係が職場学習を妨げる要因になり得るとすると、良好な対人関係は職場学習を促すはずだからです。

職場学習を促進するためには、たとえば既存の方法に誤りがあることを認めたり、メンバーに助けを求めたりすることが必須ですが、そうした行為には「この人は無能」と思われるリスクも伴います。そこで、まず対人関係のリスクを取り除かなければなりません。

職場学習が進んでいる職場では、メンバーは対人関係のリスクが低いと感じています。これをエドモンドソンは「心理的安全性が高い」と述べたのです。

パフォーマンス向上の要因として人間関係に注目

●従来の考え方

職場のパフォーマンス向上 ▶ ・物理的な職場環境
・組織の賃金制度 など
ハード面に注目

●エドモンドソンの問題提起

職場のパフォーマンス向上 ▶ ・職場の対人関係が重要
ソフト面に注目

↓

対人関係にリスクがあると職場学習が進まない ➡ 心理的安全性が重要

職場学習のステップ

① メンバーが情報を獲得
メンバーが職場環境や仕事の進め方などを改善するためのヒントを得る

② 職場で情報を共有
ほかのメンバーに情報を伝え、共有・周知を図る
← 対人関係のリスクが影響しやすい

③ 情報を読み解いて活用
情報をもとに具体的な改善策を検討し、実行に移す

④ 職場に定着
改善策を実行した結果、実行後の職場環境や仕事の進め方が当たり前のものになる

まとめ

- ☐ 心理的安全性は職場学習を促す要因として提案された
- ☐ 対人関係のリスクが低くなれば職場学習が進みやすい

004 THE BEGINNER'S GUIDE TO PSYCHOLOGICAL SAFETY

プロジェクト・アリストテレスの衝撃

▶世界的企業による分析が心理的安全性を普及させた

心理的安全性が普及するきっかけの１つとなったのが「プロジェクト・アリストテレス」です。これは、Googleが2012年から４年間にわたり、「**効果的な職場の条件とは何か**」を明らかにする目的で実施した調査プロジェクトのことです。このプロジェクトは、同じ目標に向け、メンバーどうしが互いに関わり合いながら仕事を進める、200弱の職場を対象に行われました。効果の指標には、マネージャーやメンバーによる職場の評価や、売上目標に対する成績など、さまざまな立場での評価や客観的な成績が用いられています。

分析の結果、効果を生み出す要因として、**メンバーどうしの関係性が重要**であることがわかりました。そのうち、重要度の高い要因から３つ説明します。１つめは「**心理的安全性**」です。対人関係のリスクをとっても安全と思える職場が高い成果を上げていました。２つめが「**相互信頼**」です。信頼し合っている職場は、質の高い仕事を納期どおりに実行していました。３つめは「**構造と明確化**」です。目標達成へのプロセスが設計されており、期待する役割が明確なほど効果が高くなりました。これらの結果は、Googleが名実ともに世界的企業に成長したことも相まって、人事の分野でポジティブに受け入れられました。それ以降、心理的安全性への関心が多くの記事やセミナーを通じて高まり、関連する書籍も出版されました。

興味深いのは、プロジェクト・アリストテレスに先立ち、学術研究で心理的安全性の概念が提供されていたことです。研究が地道に進められていた心理的安全性に、突如として光が当たったのです。

プロジェクト・アリストテレスの分析の概要

チーム
目標を共有し、コミュニケーションをとりながら仕事を計画・実行する集団

パフォーマンスを高める要因の分析

- 職場の責任者を対象にヒアリングを行う
- 職場で実施された過去の調査データを分析する

●効果の指標の例

- マネージャーによる職場の評価
- メンバーによる職場の評価
- 売上目標に対する成績　など

効果的なチームとして特に重要度が高い5つの要因

心理的安全性
対人関係のリスクをとっても安全と思えるチームが高い成果を上げている

相互信頼
信頼し合っているチームは、質の高い仕事を納期どおりに実行している

構造と明確化
チームへの要求や目標達成へのプロセスが設計され、役割が明確だと効果が高い

仕事の意味
メンバーが仕事に目的意識を感じることが、職場のパフォーマンスを向上させる

影響度
メンバーが自分の仕事に重要性を感じているほど、高い成果につながる

まとめ

- □ 世界的企業の分析で心理的安全性が重要と示された
- □ その後、さまざまな機会を通じて心理的安全性は普及した

心理的安全性の日本企業への急速な普及

▶日本企業と相性がよい心理的安全性

心理的安全性の考え方は、日本でも急速に普及し、一時的な流行を超え、定着のフェーズにあるといえるでしょう。日本で広まった理由として、まず**日本人の特性に合っていた**ことが挙げられます。日本人は未知のものを避けようとする傾向があり、意見を出したり本音を言ったりするのにリスクを感じやすいことを、米ノースカロライナ大学グリーンズボロー校のタラスらが報告しています。心理的安全性は、その打開策として期待されていると考えられます。

また、**日本人が集団主義の傾向が強い**点も、普及の追い風になったといえます。集団主義とは、個人より集団を優先することです(P.142参照)。英マンチェスター大学のデンらの研究では、集団主義の傾向が強く、かつ心理的安全性が高いと、職場の利益のための意見が出やすくなり、よい結果につながることが示されています。

すなわち、心理的安全性は日本企業と相性がよく、その効果を実感する声が多く上がったことで、普及に拍車がかかったのでしょう。現在では、さまざまな業界で心理的安全性を高める施策が実施されており、職場での心理的安全性の測定やマネージャーの研修、フィードバックの励行などが行われています。

加えて、**心理的安全性は時代背景にも合っています**。心理的安全性が高いと、良質な情報の共有が可能になり、職場学習（P.12参照）が促進されます。変化の激しいビジネス環境のなかで組織が生き残っていくためには、職場学習が重要です。そのため、心理的安全性は組織に欠かせない要素と認識されるようになったのです。

日本に合っている心理的安全性

●日本人の特性

未知のものを避ける傾向
意見を出したり本音を言ったりすることにリスクを感じやすい
（P.18）

集団主義の傾向が強い
個人より集団を優先する傾向がある

↕ 相性がよい ↕

心理的安全性

↓

心理的安全性の普及 ▶ 効果の実感が得られやすい ▶ 需要が高まりさらに普及

日本企業で採用されている心理的安全性

●カルビー

- 社内会議の冒頭で心理的安全性を宣言
- トップが心理的安全性を推奨するメッセージを発信
- 年１回、組織サーベイで心理的安全性を測定
- よりよい取り組みを行うマネージャーにヒアリング

➡ 社内に浸透させている

●オムロン

心理的安全性を高めるにはマネージャーのフィードバック力が重要と捉える

➡

- マネージャーのフィードバック力を伸ばす研修を実行
- マネージャーとメンバーの相互のフィードバックを重視

まとめ

- ☐ 未知のものに不安を感じる日本人こそ心理的安全性が重要
- ☐ 集団主義や環境変化の激しさも普及の追い風になった

不確実性を避けたい文化での心理的安全性の重要性

▶不確実性回避の傾向を抑えるために有効

心理的安全性が日本の文化的背景に合っていることを示唆する研究があり、その研究では「**不確実性**」に注目しています。不確実性とは、**必要な情報に対して手元の情報が足りないこと**を指します。これは「未知の状況」とも言い換えられます。基本的に人は、不確実性を不安に感じたり回避しようとしたりするものです。

不確実性を避けようとする傾向には、文化による違いがあります。たとえば、ベルギー、ドイツ、イスラエル、メキシコ、スペイン、日本などの国はその傾向が高く、逆にオーストラリア、カナダ、中国、ニュージーランド、シンガポール、スウェーデン、タイ、米国などはその傾向が低くなっています。

米クレイトン大学のフレーザーらの統合的な分析では、不確実性回避の傾向が高い文化のほうが、**ワークエンゲージメント（P.42参照）やパフォーマンスの向上**といった、心理的安全性のポジティブな効果が得られやすいとされています。未知の状況に不安を感じやすい文化では保守的になり、革新的な意見を言いにくくなります。そのため、心理的安全性を高め、「リスクをとっても安全」な状態になることの意義が大きいのです。

日本は不確実性回避の傾向が高い文化であり、心理的安全性の醸成による効果が大きい土壌です。そのため、日本企業が注目するのもうなずけますし、その方針は合理的といえます。心理的安全性を高めることで、未知の状況を恐れる気持ちが低下し、アイデアや意見が出るようになり、イノベーションが促進されるからです。

不確実性を避けたい文化では心理的安全性の効果が大きい

不確実性回避の傾向が
高いと未知の状況が
不安になる

不確実性　必要な情報に対して手元の情報が足りない「未知の状況」

↓ 心理的安全性を高める

心理的安全性　「リスクをとっても安全」な状態にすることが必要

エンゲージメントやパフォーマンスの向上

心理的安全性によりイノベーションが促進される

●不確実性回避の傾向が高い場合

- 情報の少ない、未知の状況を避けようとする
- 意見を述べたりアイデアを出したりする未知の状況を避ける
- 沈黙を選び、意見やアイデアが出ない
- 新しいことを学んだりつくり出したりすることができない

▶ イノベーションの停滞

●心理的安全性を高める

- 未知の状況を恐れる気持ちが低下する
- 沈黙を選び、意見やアイデアが出ない状態から解放される
- 学んだりつくり出したりすることができるようになる

▶ イノベーションの促進

まとめ

- □ 日本には不確実な状況を避けようとする文化がある
- □ 不確実性回避の文化では心理的安全性の効果が大きい

心理的安全性のイノベーション創出への貢献

アイデア共有の場をつくり出す心理的安全性

一度成功した事業やビジネスモデルを固持しているだけでは、組織は生き残っていけません。組織が存続していくためにはイノベーションが求められ、**心理的安全性にはイノベーションを促す効果**も期待されています。

米ワシントン大学のベアーは、イノベーションを「**アイデア生成**」と「**アイデア実行**」の２つの要素に分けています。アイデア生成とは、イノベーションの源泉となるアイデアを出すことです。またアイデア実行とは、アイデアを形にしていくことであり、社内交渉をはじめとした、他者への粘り強い働きかけが必要とされます。

心理的安全性は、これら２つのイノベーションの要素のなかで、**アイデア生成と相性がよい**といえます。たとえよいアイデアを思いついても、それを心のなかにとどめていては、イノベーションは生まれません。しかし、アイデアを表に出すのをためらうことも少なくないでしょう。誰かに「つまらないアイデアだ」「今はそれを言うタイミングではない」などといった反応をされるかもしれません。加えて、自分の評価が下がるリスクもあります。

心理的安全性が高ければ、こうした**リスクを低く見積もる**ことができ、アイデアが共有されやすくなります。実際に、それを裏付ける結果も報告されています。たとえば、製造業やサービス業を対象に実施した調査では、心理的安全性がメンバー間の情報やアイデアの共有にプラスの影響を及ぼすことが示されています。自分のもつ情報やアイデアに自信がある場合に、その効果は強まります。

アイデア生成に効果のある心理的安全性

●イノベーションの要素

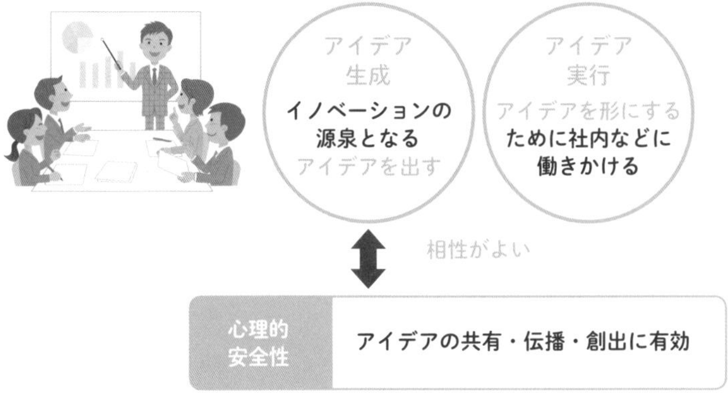

イノベーションが活性化するサイクル

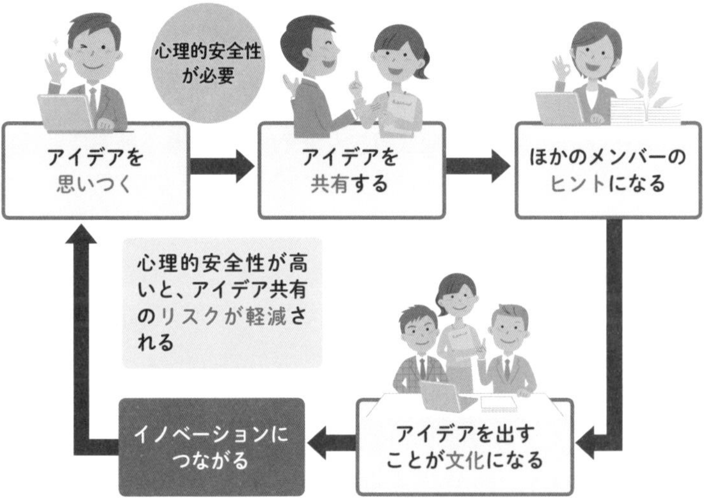

まとめ

- □ 心理的安全性を高めるとイノベーション創出につながる
- □ 特にイノベーションの初期段階のアイデア生成を活性化

目標達成へのハードルを下げる心理的安全性の効果

▶よい目標があり、そのあとに心理的安全性が必要

心理的安全性を高めれば、それですべてうまくいくわけではありません。職場学習を促進するためには、心理的安全性を高める前に、**適切な「目標」を設定する**ことが必要です。過去の多くの研究から、特に**具体的**で**困難**な目標がポジティブな結果をもたらすことがわかっています。目標には、達成度、期限や量、結果などが具体的であることと、現状の実行者の能力では手が届かないような困難さがあることの両面が必要とされるのです。

ただし、困難さについては注意が必要です。イスラエル工科大学のエレツらによる研究では、目標が実行者にとって同意できないほど困難な水準だと、成果につながりにくいことが報告されています。目標の難度は、**目標達成に取り組む人が受け入れられる範囲**にとどめておくことが肝心です。

心理的安全性は、そのようにして設定した具体的で困難な目標を、職場学習に結びつけるのに有効な役割を果たします。言い換えれば、「具体的で困難な目標を達成する」という**挑戦に対するハードルを下げる効果**があるのです。

ここで注目すべきは、適切な目標の設定が最初にあり、そこにある種の潤滑油として心理的安全性が必要になるという点です。心理的安全性を高めても、よい目標がなければ、よい成果にはつながらないのです。互いに本音を言い合えるようになっても、目標が低いか、あるいは曖昧なチームでは、高い成果はもたらされないことを理解しておきましょう。

心理的安全性が挑戦へのハードルを下げる

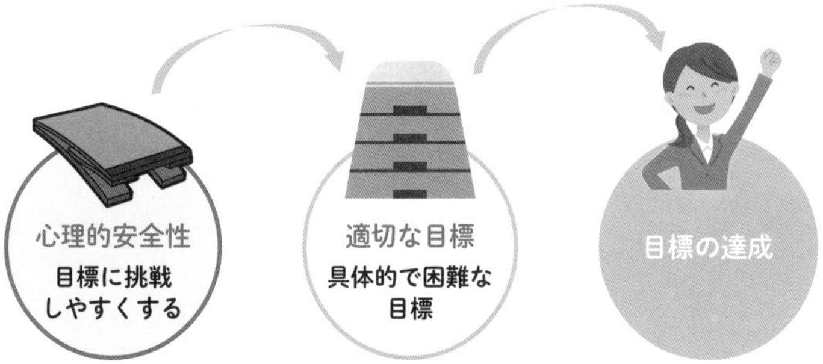

目標達成の潤滑油
- 失敗を共有できる
- 失敗から学習できる
- 職場学習が促進される

最初に目標を設定
- 期限や量などが具体的
- 達成が容易ではない
- 現状では達成が難しい

具体的で困難な目標とは

●具体的な目標

- 達成した状態をイメージできる
- 達成に向けた行動が思い浮かぶ
- 達成度を測定できる
- 期限や量などが明確である
- 結果が客観的に把握できる

●困難な目標

- 現状の個人では手が届かない
- 達成するには能力向上が必要である
- 誰かの助けを借りれば達成できる
- 理不尽に感じる難しさではない
- 頑張れば達成できそうと思える

まとめ

- □ 心理的安全性はよい目標を達成することを促す
- □ 具体的で困難な目標を立ててから心理的安全性を高める

メンバー全員で心理的安全性を醸成

「平凡な仲間」の存在が心理的安全性を高める

海外には「神のような敵は怖くないが、豚のような仲間は怖い」という恐ろしいことわざがあります。一般に職場では、優秀な人が好まれ、そうでない人が排除されることもあります。また、心理的安全性が広まったきっかけとして、Googleのプロジェクト（P.14参照）の影響が大きかったこともあり、心理的安全性は「優秀な人が生み出すもの」と考える人もいるかもしれません。しかし、中国の上海大学のエンらの研究では、こうした考え方を改めさせる結果が得られています。具体的には、**平凡な仲間の存在が職場の心理的安全性を高め、さらには創造性も促す**というものです。

職場に「知識や技能が自分より低い（平凡な）仲間がいる」と感じると、メンバーの自己評価が高まります。これは「**下方比較**」と呼ばれ、ポジティブな感情を増やし、ネガティブな感情を減らす効果があります。これにより、職場の対人関係の不安が減るのです。

エンらの研究では「死馬の骨を買う」という故事成語が紹介されています。これは「平凡に見えるものを大切にすると、結果としてうまくいく」といった意味です。このように、平凡な仲間を大切にすることで、社会的・倫理的な側面はもちろん、組織の利益にもつながります。

この研究でいう「平凡な仲間」とは、「どうしようもない人」ではありません。高い成果を上げていないだけで、義務を果たし、雑用を引き受け、**陰ながらチームに貢献**しています。優秀な人のみならず、メンバー全員の働きで職場の良好な関係が実現し、心理的安全性が高まるということを覚えておきましょう。

平凡な仲間が心理的安全性を高める

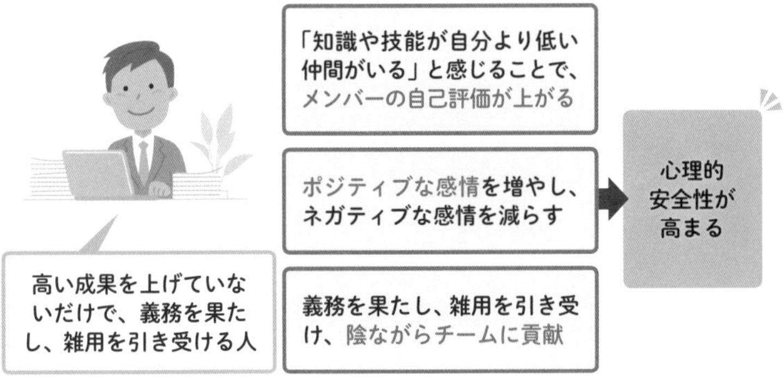

下方比較の効果

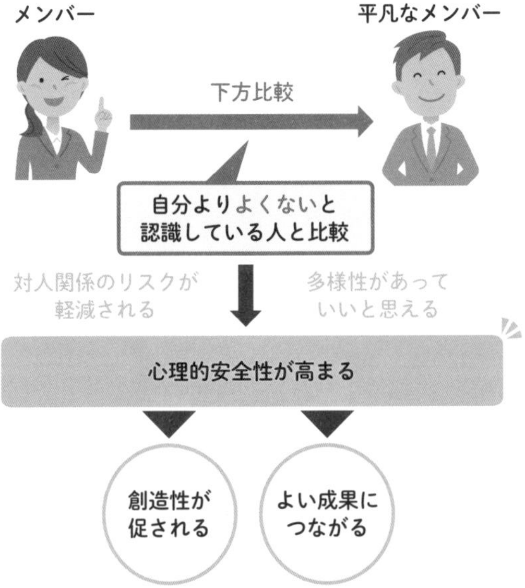

まとめ

- □ 平凡な仲間がいると心理的安全性が高まる
- □ 成果を上げていない仲間も大切にすることが望ましい

Column

かつて日本企業は心理的安全性が高かった?

本書では、さまざまな研究知見をもとに、心理的安全性のもたらす効果や、その高め方などについて紹介しています。そこで提示した研究は比較的新しく、海外のものが多くなっています。

それでは「かつての日本企業における心理的安全性はどうだったのか」と思う人がいるかもしれません。直接的な根拠は手元にないので推論になりますが、日本の工場や現場などにおいては、対人関係のリスクをとっても安全と思える環境が部分的に存在していたのではないでしょうか。

確かに当時、心理的安全性という言葉は浸透していませんでしたが、QC サークル、社内運動会、飲みニケーションなど、役職と部署を超えて本音で語り合える場がありました。第3章から紹介する心理的安全性の高め方と照合すると、日本企業は心理的安全性の高い環境をつくり出していたと考えられます。

とはいえ、働くメンバーの属性や価値観、キャリアなどが多様化するなかで、心理的安全性を高める従来のアプローチはとりにくくなりました。帰属意識や同質性を前提とした心理的安全性の高め方は敬遠されるようになり、人材獲得においても有効ではありません。それらは通用しなくなったものの、心理的安全性は日本企業と相性がよく（P.16 参照）、新たなアプローチが求められています。だからこそ、心理的安全性は今、日本でここまで盛り上がっているのでしょう。

こうした背景を踏まえ、本書では現在において活用可能なヒントを提供することを狙っています。

THE BEGINNER'S GUIDE TO PSYCHOLOGICAL SAFETY

Part 2

組織のパフォーマンスを引き上げる

心理的安全性がもたらす効果

心理的安全性を高めると組織や仕事の改善につながる

▶沈黙は組織や仕事のパフォーマンスを下げる

働いていれば誰でも、組織や仕事に対するアイデアや意見、疑問、懸念などを思いつくことがあります。しかし、そのすべてを表に出すことはありません。話したいことが胸のうちにあっても、**あえて黙っている状態を学術的に「沈黙」**と呼びます。

メンバーが沈黙を続けていると、組織や仕事に関するエラーを検出できなくなります。その結果、重大な問題に気づくのが遅れ、迅速に対応できず、最悪の場合は手遅れになってしまいます。**沈黙は組織や仕事のパフォーマンスを下げる**のです。

米ノースカロライナ大学のシャーフらの研究によれば、こうしたリスクがある沈黙に対処するためには、心理的安全性が重要になることが示されています。人は基本的に、脅威や罰などといったネガティブな刺激を遠ざけようとする傾向（回避傾向）があります。それにより、心理的安全性が低い環境では、「こんなことを言って怒られたらどうしよう」などと考え、**回避傾向が強まり、沈黙が促されます**。心理的安全性が高いと、脅威や罰などを恐れずに済むため、**回避傾向が抑えられ、沈黙が破られます**。

胸のうちにあるアイデアや意見がすべて有用というわけではありませんが、それらが適切に共有されれば、組織や仕事の改善につながる可能性があります。逆に、「あえて言わずに黙ったまま」という環境を放置すると、やがて組織が存続できない状態に追い込まれるかもしれません。心理的安全性はそうなってしまうリスクを抑える効果もあるのです。

▶ 心理的安全性を高めて沈黙を破ることが重要

沈黙 ＝ 話したいことや聞きたいことがあっても
あえて黙っている状態

●メンバーが沈黙を続けているデメリット

ネガティブな刺激（脅威や罰など）を遠ざけ、
沈黙が促される

▼

組織や仕事の
エラーを検出
できない

➡

重大な問題に
気づくのが遅れる

➡

問題に迅速に
対応できない
（場合よっては
手遅れ）

まとめ

- □ 心理的安全性が低いと組織や仕事のエラーを検出できない
- □ 脅威や罰を恐れなくなることで沈黙が破られる

心理的安全性がもたらす8つの効果

▶ 多方面でよい効果があることが心理的安全性の魅力

心理的安全性が注目されている理由の1つは、変化の激しいビジネス環境において、組織には職場学習やイノベーションが強く求められているためです。しかし、そうした社会的背景もさることながら、**心理的安全性に多くの効果がある**ことが、さまざまな組織に普及する後押しになっています。組織にとってだけではなく、メンバーにとっても好ましい主に8つの効果があります。

まず1つめは、**職場での学び**が増えることです。これは、心理的安全性の研究を発展させたエドモンドソンが主張している点です。2つめは、**職場における情報共有**を促すことです。心理的安全性が高いと、自分のもつ情報をメンバーに提供しやすくなるのです。3つめは、**仕事のパフォーマンスを高める**ことです。4つめは、指示されなくても**組織に有益な行動をとる**ようになることです。これらの点から、心理的安全性は組織の活動に有益なことがわかります。

5つめは、メンバーどうしで気軽に話ができ、新しいアイデアが生まれやすくなることです。つまり、メンバーの**創造性**にも効果があるのです。6つめは、メンバーにとって「よい職場」になるので、**活力をもって働く**ようになることです。7つめは、**仕事の満足度が高まる**ことにつながります。最後の8つめは、メンバーの**自己内省**を促すことです。メンバーが自分の問題に向き合うようになり、問題解決に結びつきやすくなります。

以上の8つの効果について、次節から順に詳しく説明していきましょう。

▶ 心理的安全性の主な効果

❶学習行動の促進	職場での学びが増える。人は失敗やミスから多くを学ぶが、それを共有することは気が引ける。心理的安全性はそうした気持ちを緩和する
❷職場での情報共有の促進	職場において自分がもっている情報を提供しやすくなる。その結果、情報共有が促される
❸パフォーマンスの向上	互いに切磋琢磨しながらいきいきと働くことができ、メンバーの仕事のパフォーマンスが高まる
❹組織市民行動の促進	「こんな行動をすると問題になる」といった不安が和らぎ、メンバーは指示されなくても、組織にとって有益な行動をとるようになる
❺創造性の向上	メンバーどうしでリラックスして話せるようになり、新しいアイデアが生まれやすくなる
❻エンゲージメントの上昇	メンバーが仕事に熱心に取り組んだり、やりがいを感じたりするようになり、仕事をポジティブに捉えるようになる
❼職務満足の向上	メンバーどうしのコミュニケーションが活性化し、信頼関係が醸成され、メンバーの組織や職場、仕事に対する満足度が高まる
❽省察をもたらす	自分の問題点に安心して向き合えるため、メンバーの自己内省をもたらし、問題解決につながる

まとめ

- □ 心理的安全性は多くの効果をもつことで注目を集めている
- □ 心理的安全性は組織、職場、個人によい効果をもたらしやすい

改善のための学習に集中できる ～①学習行動の促進～

▶失敗への恐れや不安が減り、学習行動が促される

学習行動とは、**問題や課題を見つけて改善する**行動のことです。たとえば、仕事のプロセスを振り返ったり、顧客や他部署の人から情報を得たりして、仕事の進め方の改善策を考える行動などが挙げられます。心理的安全性が高いほど、こうした行動を多くとることがわかっています。

米ハーバード大学のアージリスは、人は脅威にさらされたり、困難に直面したりすると、学習行動が起こりにくくなることを指摘しています。その理由は、脅威や困難などの影響で学習する余裕がなくなり、失敗を恐れるようになるためです。組織の心理的安全性が低いと、失敗やミスなどに自ら直面したり、周囲に知られたりする状況を避けようとして学習行動が減退します。しかし、心理的安全性が高いと、「たとえ失敗をしても受け止めてもらえる」と思えるようになり、失敗への恐れや不安が減って、**目の前の状況をよりよくすることに力を注げる**ようになるというわけです。

学習行動の促進は、心理的安全性の研究を発展させたエドモンドソンが初期に指摘した重要な効果です。心理的安全性を高めて**学習行動を促進すれば、変化の激しいビジネス環境にも適応**できます。特に厳しい変化にさらされている組織ほど学習行動が欠かせないので、心理的安全性を高めることが急務といえます。

増やすとよい学習行動には、未経験の仕事に取り組むこと、振り返りをすること、気づきを共有することなどが挙げられます。失敗やミスがあっても学習の機会に変える意識が欠かせません。

▶ 改善のためには学習行動が必要

学習行動の促進 ＝ 問題や課題を見つけて改善する行動を促進
・仕事のプロセスを振り返る
・顧客や他部署の人から情報を得る
・得られた情報をもとに改善策を考える　など

●学習行動における心理的安全性の重要性

仕事の失敗やミス
↓
失敗やミスを改善することが学習につながる

◀

心理的安全性が低いと……
→失敗やミスに直面したくない、周囲に知られたくない
心理的安全性が高いと……
→失敗やミスへの恐れや不安が緩和される

●心理的安全性が低いと……

脅威や困難などの影響で学習する余裕がない

リスクをとっても安全と思えず失敗を恐れる

▶ 学習行動が起こりにくい

●心理的安全性が高いと……

周囲の反応を気にする必要がない

目の前の状況を改善することに力を注げる

▶ 学習行動が起こりやすい

まとめ
☐ 心理的安全性が高いと改善のための学習に集中できる
☐ ビジネス環境の変化に適応するためには学習行動が必須

情報共有のリスクが低下する
～②情報共有の促進～

▶無能と思われるリスクが低く、情報を共有しやすい

メンバーは各自、それぞれの仕事に取り組んでいます。また、これまでに培ってきた経験もスキルも違えば、価値観も異なります。そのため、同じ職場といっても、メンバーによってもっている情報はさまざまです。それらを伝え合って共有できれば、**職場に新たな学びが生まれます**。

ただ、人は自分がもっている情報を、簡単に共有しようとは思いません。「こんな情報を共有するのはナンセンス」と思っていたり、「この情報はみんな知っているはず」などと考え、情報を開示することで無能と思われるリスクを感じていたりするからです。しかし、心理的安全性が高いと、こうした**リスクを感じにくくなり、情報共有が促進**されます。米クレイトン大学のフレーザーら（P.18参照）は、心理的安全性が情報共有に一貫した効果があることを確認しています。

ここにおける情報とは、仕事を進めるうえで必要なものを広く含みます。メンバーがそれぞれ情報をもっていながら共有がされていないと、職場の潜在的な可能性が発揮されず、無駄の多い状態といえます。すると、それぞれのメンバーの仕事はもちろん、職場全体も非効率になり、仕事が円滑に進みません。こうした事態を避ける効果が心理的安全性にあるのです。

情報共有を活性化させれば、個人がばらばらに孤立して仕事をするより、**職場という集団としての成果が大きくなります**。「個人の集まり」を超えた成果を出すためには、心理的安全性を高め、どんな情報でも気軽に言えるようにすることが鍵となります。

情報共有のリスクを低下させて成果を上げる

情報共有の促進 ＝ メンバーがもっている情報を共有すれば職場に新たな学びが生まれる

●職場の本来の意義

協力し合うことで個人の総和を超えた成果を上げること

↑

対人関係のリスクを取り除き、情報を共有

●心理的安全性が低いと……

こんな情報を共有するなんてナンセンスと思う

情報を開示して無能と思われるリスクを感じる

▶ 情報を共有しようとしない

●心理的安全性が高いと……

何でも気軽に言える安心感がある

周囲から無能と思われるリスクが低いと感じる

▶ 情報共有が促進される

まとめ

- □ 心理的安全性が高いと情報共有のハードルが下がる
- □ 情報共有が活発になれば職場の潜在能力を発揮できる

ネガティブな要素が取り除かれる ～③パフォーマンスの向上～

▶失敗への不安が低下してパフォーマンスが高まる

心理的安全性が高まると、職場における個々人のパフォーマンスが高くなります。これは組織にとって大きなメリットです。

前出のフレーザーらは、仕事のあとに顧客が満足している状態、仕事の質が高い状態、職場が機能している状態の３つを「パフォーマンスが高い状態」と定義しました。そのうえで、過去の多くの研究をもとに、**心理的安全性が高いほどパフォーマンスが高くなる理由**を検討しました。その結果、周囲の否定的な反応への恐れ、失敗やミスへの不安などのネガティブな要素を感じることが減り、**別のことに意識を向けられるようになる**からだと結論付けました。たとえば、前節の情報共有では、メンバーそれぞれが情報を開示することに悩んだりためらったりする必要がなくなり、代わりに新たな情報を得ることに意識が向き、学習が促進されたわけです。また、メンバーがプロジェクトを任されたときも、「失敗をしても受け止めてもらえる」と感じていれば、悩まずにすぐ行動に移せますし、たとえミスがあっても軌道修正を図るなど、成功させることに意識を向けられます。このように、自分へのネガティブな影響を考えないで済む結果、メンバーはパフォーマンスを高めることに集中できるのです。

心理的安全性は、**パフォーマンスを高めるうえでの障害物を取り除く役割**を担っているとも解釈できます。主に対人関係の恐れや不安という障害に邪魔されず、組織がもっている本来の力を最大限に引き出す効果があります。

ネガティブな要素がパフォーマンスを下げる

●心理的安全性が低い

ネガティブな要素によって本来のパフォーマンスを発揮できない

●心理的安全性が高い

ネガティブな要素が取り除かれ、パフォーマンスを高めることに集中できる

心理的安全性でパフォーマンスが向上しやすい仕事の例

パフォーマンスの向上 ＝ メンバーと関わり合う仕事は、心理的安全性を高めるとパフォーマンス向上が見込める

- コミュニケーションをとりながら進める仕事
- 頻繁に打ち合わせを行う必要がある仕事
- 同じ職場で関わり合いながら一緒に働く仕事
- 個人単独ではなく、集団で進める仕事
- アイデアや意見を出し合う必要がある仕事
- 目標達成のために周囲の協力が欠かせない仕事

まとめ

- □ 心理的安全性が高いとパフォーマンス向上に集中できる
- □ 心理的安全性が低いと本来の組織の力を発揮できない

言われなくても動くようになる ～④組織市民行動の促進～

▶役割外の行動をとる際のリスクを下げる

心理的安全性には、「**組織市民行動**」を高める効果があることが多くの研究で示されています。組織市民行動とは、組織から与えられた役割の遂行ではなく、**組織にとって有益で自発的な行動**のことです。

組織から与えられた役割であれば、指示されたことを実行するだけなのでリスクを伴いません。他方で、役割外の組織市民行動は、その行動が「どんな結果をもたらすか」「自分がどう評価されるか」が不透明です。心理的安全性が高ければ、**これらに対する不安を感じにくい**ため、組織市民行動をとりやすくなります。

組織市民行動は、組織にとって重要性が高い行動です。米アリゾナ大学のパドサコフらの統合的な分析によれば、組織市民行動をとるメンバーが多い組織は、**組織としてのパフォーマンスが高い傾向**があるとされています。具体的な組織市民行動としては、困っているメンバーがいたら支援する、手が空いているときに別のメンバーの業務を引き受ける、ほかのメンバーが作業しやすいようにマニュアルを作成する、チーム内の人間関係が良好になるようにイベントを催す、などが該当します。これらの行動が増えると、さらに組織のパフォーマンスが向上することにつながります。

古典的な研究では、組織の存続に重要なものとして3つの要素が挙げられています。第一に与えられた役割を遂行すること、第二に組織を辞めないこと、第三に**役割外の行動をする**ことです。3つめの要素は、組織市民行動に該当します。組織市民行動は組織を維持するうえでも欠かせないものなのです。

組織のパフォーマンスを高める組織市民行動

組織市民行動 ＝ 与えられた役割外の、組織にとって有益で自発的な行動

●組織から与えられた役割

指示されたことを実行するだけ
↓
本人にとってリスクを伴わない

●組織市民行動

「どんな結果をもたらすか」
「自分がどう評価されるか」が不透明
↓
・不透明であるため、リスクを感じる
・リスクに対する不安を感じやすい

●心理的安全性が高いと……

組織市民行動
組織を存続させるうえで根本的で重要な行動

結果や評価が不透明な行動への不安を感じにくい

周囲の評価を気にせず、自発的な行動をとりやすい

組織市民行動が促進

→ 組織としてのパフォーマンスが高まる

組織市民行動の例

- 困っているメンバーがいたら助ける
- 役割として与えられていなくても新人をフォローする
- たくさんの仕事を抱えているメンバーをサポートする
- 誰も見ていなくても、まじめに仕事に取り組む
- 小さなことで騒がず、文句を言わない
- 組織からの通達に目を通し、内容を把握している
- 職場のメンバーに配慮し、良好な対人関係を築く

まとめ

☐ 役割外のことを行う組織市民行動は組織には重要
☐ 心理的安全性が高いとリスクが減り、組織市民行動を促す

アイデアが生まれやすくなる ～⑤創造性の向上～

安心できる環境ではアイデアを出しやすい

たとえ一度、成功したとしても、同じことを続けていては競争に生き残れません。組織は常に新しいことを行っていかなければならず、「**創造性**」が求められます。ここでいう創造性とは、**新しく、有益で、価値のあるものを生み出す**ことを指します。米ミネソタ大学のトーランスは、創造性とは多くのアイデアや先進的なアイデアを出せることだけではなく、アイデアを練り込むこと、不具合に気づくことなども創造性の一部であると述べています。

前出のフレーザーらは、これまでの研究で得られた2万人以上のデータを統合的に分析した結果、**心理的安全性には創造性を高める効果がある**ことを明らかにしました。研究例の1つとして、マネージャーがメンバーの話に耳を傾けることで心理的安全性が高まり、その結果、メンバーが新しいアイデアを柔軟に探るようになることが示されています。

心理的安全性が高いと、周囲の反応を気にせずにアイデアを出すことができ、「新しい方法を試そう」と考えて実行に移すことができます。逆に低いと、周囲の反応が気になってアイデアを出せず、「新しい方法で進めて失敗するかもしれない」といった不安を感じて実行に移すことができません。

心理的安全性がより効果を発揮するのは、**新しいアイデアが求められる職場**です。同じ作業を繰り返すような職場でも、定型作業はAIなどによる自動化が進むため、ビジネス環境の変化に伴い、新しいアイデアの創造が求められます。

変化に対応するために創造性が求められる

創造性 ＝ 新しく、有益で、価値のあるものを生み出すこと
- ・多くのアイデアを出せる
- ・先進的なアイデアを出せる
- ・アイデアを練り込んで実現性を高められる　など

●心理的安全性が低いと……

アイデアが的を射ておらず無能と思われる不安

新しい方法を試して失敗するリスク

▶ 創造性を発揮しにくい

●心理的安全性が高いと…

安心した気持ちで自由にアイデアが出せる

新しい方法を積極的に試そうと思える

▶ 創造性を発揮しやすい

さまざまなアイデアを出しやすくなり、
有益なアイデアが生まれやすい

⬇

- 心理的安全性は、新しいアイデアが求められる職場で発揮
- 変化の激しいビジネス環境では、常に新しいことを行っていくことが求められている
- 多くの組織で変革が求められており、心理的安全性を高め、創造性を向上させることが必要とされている

まとめ
- □ 心理的安全性が高いとメンバーの創造性が発揮されやすい
- □ 変化を求める職場では心理的安全性の重要性が高くなる

仕事に充足感を抱くようになる ～⑥エンゲージメントの上昇～

▶職場に安心感をもち、仕事に充足感を抱きやすくなる

「**エンゲージメント**」は、日本語で「約束」や「誓約」といった意味ですが、ビジネスにおいては「関与」や「愛着」など、多様な意味で使われる言葉です。人事分野で「ワークエンゲージメント」というと、**仕事全般に関するポジティブで充足した状態**を意味します。仕事に熱心に取り組んでいたり、仕事に誇りをもっていたりすることが、ワークエンゲージメントの高い状態です。

過去の研究を統合して統計分析をした結果、**心理的安全性が高いほどワークエンゲージメントが高い**ことがわかっています。たとえば、従業員の心理的な条件がワークエンゲージメントに影響を及ぼすことを示した研究があります。ワークエンゲージメントが高まれば心理的安全性が高まり、ネガティブな結果を恐れずに仕事に取り組むことができ、成果につながりやすくなります。心理的安全性が高まれば、さらにワークエンゲージメントが高まるといった具合に、好循環が生まれる可能性があります。

ワークエンゲージメントには、メンバーの仕事のパフォーマンスを高める効果があります。米ウィスコンシン大学のハレスレーベンらは、メンバー自身が評価したパフォーマンスと、周囲から評価されたパフォーマンスの両方が、ワークエンゲージメントにより高まることを示しました。心理的安全性を高めれば、**メンバーと仕事との良好な関係を形成**できます。そして、メンバーが仕事に対してポジティブになり、やりがいをもって働くようになることで、ワークエンゲージメントの高い職場をつくることができます。

エンゲージメントが高まるとパフォーマンスも高まる

ワークエンゲージメント ＝ ポジティブで充足した状態で仕事ができる
・仕事に熱心に取り組める
・仕事に没頭できる
・仕事に誇りをもっている　など

●心理的安全性とワークエンゲージメントの好循環

心理的安全性が高まる ⇔ エンゲージメントが高まる（よりよい成果につながりやすい）

▼

仕事のパフォーマンスが高まる

ほかのメンバーにもよい影響を及ぼす

エンゲージメントが高まることの効果

- 仕事のパフォーマンスが高くなる
- 組織や仕事に愛着をもつようになる
- 組織を辞めたい気持ちが低下する
- 燃え尽き状態を防ぐことができる
- 生活に対する満足度も高まる

まとめ

- □ 心理的安全性が高いとエンゲージメントが高い状態になる
- □ エンゲージメントはメンバーのパフォーマンス向上をもたらす

組織や職場、仕事への満足度が高まる ～⑦職務満足の向上～

コミュニケーションが活性化して満足度を高める

心理的安全性には「**職務満足**」を高める効果があることが、一貫して報告されています。職務満足が高い状態とは、**所属する組織、働く職場、従事する仕事に価値があると思える状態**を指します。ワークエンゲージメント（P.42参照）と似ていますが、ワークエンゲージメントが仕事への関与を指すのに対し、職務満足は職場や仕事などへの総合的な満足度を表します。

職務満足の研究は歴史が古く、1930年代頃から行われています。古典的な研究のなかでも、職務満足が高いほど欠勤率や離職率が低く、組織市民行動（P.38参照）も進んで行うことが示されています。米インディアナ大学のオーガンは、組織市民行動をとると、組織の機能を高めることを明らかにしています。

心理的安全性が高いほど、職務満足が高いのはなぜでしょうか。心理的安全性が高いと対人関係の不安が減り、**職場におけるコミュニケーションが活性化**します。そして、互いの価値観をより深く理解できるようになり、信頼関係が醸成されます。メンバーは信頼関係の高い環境で働くことで、満足度が高まりやすくなるのです。

加えて、職場のコミュニケーションが活性化すると、個々人に学びが生まれ（P.34参照）、専門性が高まり、それぞれのメンバーの成長につながります。メンバー自身がそれを広義の報酬と感じられることも、満足度を高める要因につながります。メンバーの仕事ぶりにフィードバックをしたり、役割をきちんと認識できるようにしたりすることも、メンバーの職務満足を高めます。

職務満足を高めて働きやすい職場をつくる

職務満足 ＝ 組織、職場、仕事などに価値があると思えること
・欠勤率や離職率が低い
・自分の役割外の行動も進んで行う　などの効果

●心理的安全性が高いと……

対人関係の不安が軽減される

不安を感じずに話せるようになる

コミュニケーションの活性化
→ 互いの価値観を深く理解でき、信頼関係が醸成
→ 学びが生まれ、専門性が高まり、成長できる
→ 職務満足が高まる

メンバーの職務満足を高める工夫

●メンバーの仕事ぶりへのフィードバック

- タスクが完了したらレビューの機会を設ける
- メンバーと定期的に評価のためのミーティングを行う
- フィードバックをグループウェアなどで共有する

●メンバーの役割認識の向上

- タスク管理ツールなどでタスクを共有する
- 役割分担を表にまとめ、職場で共有する
- 互いのスキルを把握できるようなスキルマップをつくる

まとめ
□ 心理的安全性がコミュニケーションを活性化する
□ コミュニケーションが信頼関係を醸成し、満足度を高める

振り返りと問題解決につながる ～⑧メンバーの省察をもたらす～

▶自らの脆弱さを受け入れ、課題や問題と向き合える

創造性を発揮したり問題を解決したりする際、「**省察**」が重要な意味をもちます。省察とは、平たくいうと「**振り返り**」です。**さまざまな情報を得て、自分自身を掘り下げて考える**ことを指します。忙しい日々の業務のなかで省察を行うことはなかなか難しいものですが、心理的安全性には省察を促す効果があることが、中国の蘭州大学の屠らによって報告されています。

なぜ心理的安全性が省察を促すのでしょうか。省察は**自分自身の課題や問題と向き合う行為**であり、それには「何がよかったか」「何が悪かったか」などの情報が必要です。しかし、自分の地位やイメージが傷つくことを恐れていると、こうした情報を得ようとしません。自らの脆弱さを受け入れなければならないからです。

心理的安全性が高いと、周囲の反応を恐れることが減り、自分の脆弱な点や仕事のうまくいかなかった点などを周囲に聞くことができます。また指摘された課題や問題も、成長の伸びしろとして受け入れ、向き合うことができ、省察が促されるようになるのです。

メンバーが省察を行うことで、メンバー自身の課題や問題が改善され、成長につながるようになります。それだけではなく、組織の問題解決がもたらされることもわかっています。つまり、個人にとどまらず**組織にも有益な成果**が得られるのです。

この研究が興味深いのは、心理的安全性が促すのは「他者」との対話だけではないことを教えてくれる点です。省察はいわば**「自己」との対話**であり、それを促すこともできるのです。

省察を促すことで組織の問題解決につながる

省察 ＝ さまざまな情報を得て、自分自身を掘り下げて考える「振り返り」

●省察の効果

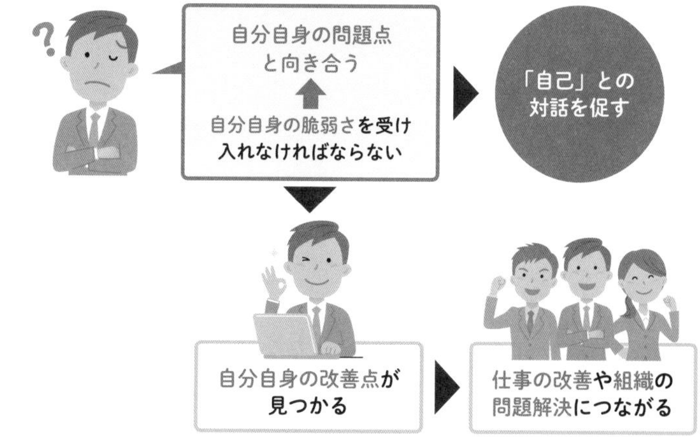

心理的安全性が促す2つの対話

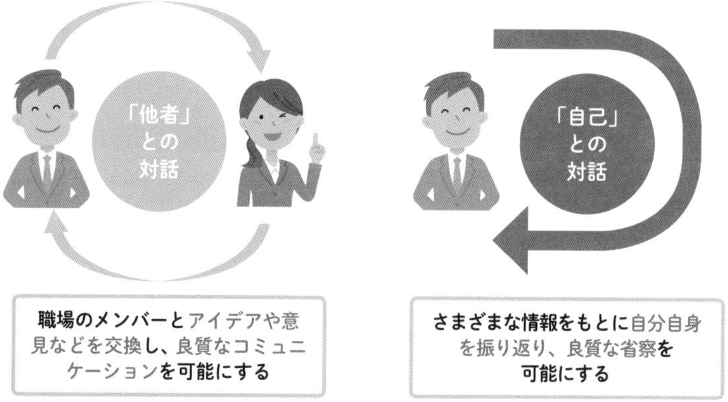

まとめ

- □ 心理的安全性が高まると、自己との対話が促される
- □ 多様な情報をもとに振り返ることで問題解決が促される

環境変化が大きいほど効果がある

ビジネス環境の変化に対応するには心理的安全性が必要

心理的安全性の効果は、組織の置かれた状況にも左右されます。その効果を特に引き上げるのは、「**環境の変化が大きい**」という条件です。この条件については、ノルウェー経営大学のアンダーソンらの研究が参考になります。研究では、「**ラディカルイノベーション能力**」への心理的安全性の効果の強さを明らかにしています。

ラディカルイノベーション能力とは、**既存の製品やサービスを大きく変えるイノベーションを生み出す能力**です。イノベーションを生み出すためには、多くのアイデアを出し、そのなかから一握りの宝石を探り当てなければなりません。心理的安全性が高いと対人関係のリスクが軽減され、積極的に意見を出すことができるので、ラディカルイノベーション能力が高くなります。

そして興味深いことに、心理的安全性とラディカルイノベーション能力の関係は、「**環境ダイナミズム**」によって変化するのです。環境ダイナミズムとは、**環境がどれほど大きく変化するかを表す指標**です。たとえば、新規参入が容易であったり、競合他社が脅威であったりすると、環境ダイナミズムは大きくなります。研究では、環境ダイナミズムが大きいと、その環境で生き残るために新たな価値を創造することが必要とされ、ラディカルイノベーション能力への心理的安全性の効果が強まることが確認されました。

現在はVUCAの時代といわれるように、あらゆる業界で環境変化が激しく、先行きが不透明で、将来の予測が困難になっており、心理的安全性の効果はより強まっているといえます。

環境変化に対応するために求められるもの

激しいビジネス環境の変化

▼

対応するためにイノベーションが必要

▼

イノベーションを起こすアイデアが必要

▼

アイデアを出しやすい心理的安全性が重要

環境変化における心理的安全性の効果

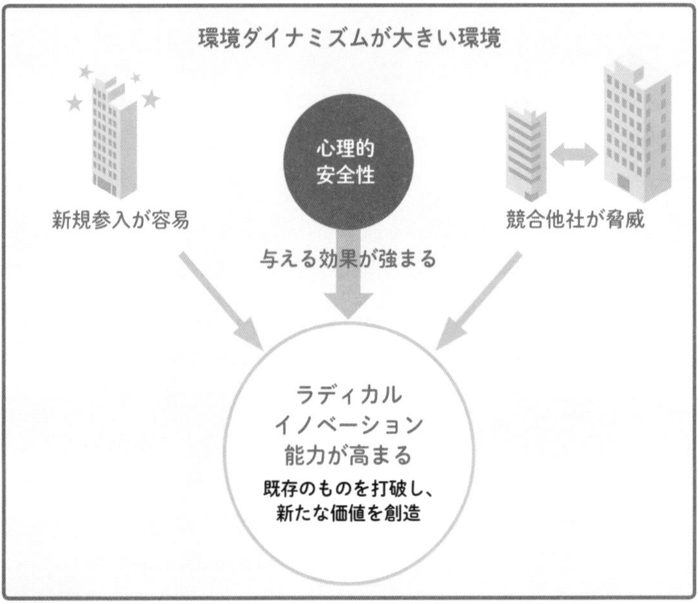

まとめ

- □ 心理的安全性がアイデア出しとイノベーションを促進
- □ 環境変化が大きいほどイノベーション促進効果が重要に

規制が強いと効果が弱まる

▶心理的安全性の効果を減衰させる強制的圧力

組織の置かれている環境は、メンバーにも影響を与えます。中国の昆明理工大学のワンらは、「**強制的圧力**」が強いと、心理的安全性の効果が弱まることを明らかにしました。強制的圧力とは、政府や大規模な組織などから**規制やルール、制裁などとして圧力を受ける**ことをいいます。たとえば、親会社と同じ評価システムや予算編成を取り入れる子会社や、利害関係者（ステークホルダー）の意向に沿って活動する企業などが挙げられます。強制的圧力という考え方の背景にあるのは「新制度派組織論」です。これは、組織やそれを取り巻く環境が、互いに影響を及ぼし合う様子に注目し、規制やルールなどがつくられるプロセスや、それらが似通うメカニズムを検討している理論です。

強制的圧力が強いと、自由に振る舞える余地が少なく、規制に違反していないかどうかが不安になります。リスクを受け入れにくい環境であるため、**心理的安全性のもつ力が発揮しにくくなる**のです。

この研究からわかることは、**心理的安全性はどんな環境でも同じように作用するわけではない**という点です。少なくとも強制的圧力の強い環境では、心理的安全性の効果が減衰します。

ビジネスがグローバル化する昨今、組織は海外の法律や国際規格、標準化されたルールに制約されるなど、強制的圧力の影響を受けやすくなっているといえます。心理的安全性を高めても、直ちに環境まで変えられるわけではありません。心理的安全性の効果が弱まる環境があることにも目を向ける必要があります。

強制的圧力により心理的安全性の効果は弱まる

強制的圧力 ＝ 政府や大規模な組織などから規制やルール、制裁などで圧力を受けること

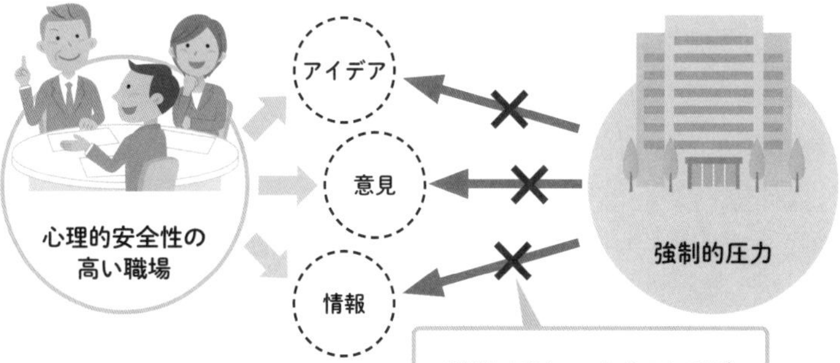

職場で出たアイデアなどが活用されず、心理的安全性の効果が発揮されにくい

●強制的圧力が強い例

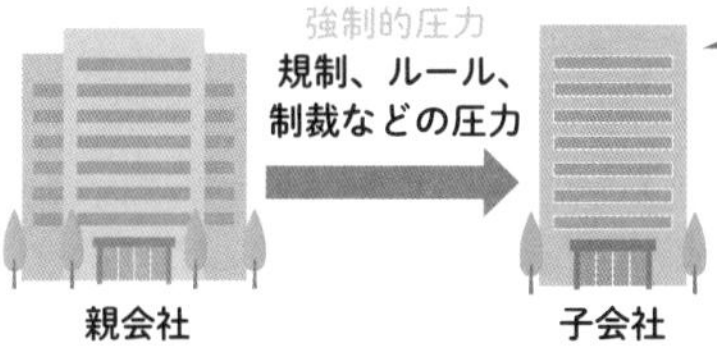

・自由に振る舞える余地が少ない
・規制に違反していないかどうか不安になる

▼

心理的安全性を高めても、強制的圧力のある環境は変わらない

▼

心理的安全性の効果が発揮しにくい

・親会社と同じ評価システムや予算編成などを取り入れる子会社
・外部のさまざまな利害関係者の影響を受けて活動する企業
・グローバル化により、さまざまな規制の順守が求められる企業

まとめ

☐ 外部から規制を受ける環境で心理的安全性は機能しにくい
☐ 心理的安全性の効果が発揮しにくい環境もある

テレワークでも重要な心理的安全性

▶オンラインコミュニケーションの溝を埋める

2020年に新型コロナウイルス感染症が拡大し、日本でも自宅をはじめ、オフィス以外の場所で勤務するテレワークを導入する組織が増えました。テレワークにおいて、心理的安全性はどう機能するのでしょうか。

テレワークでは、**コミュニケーションがオンライン主体**に変わります。オンラインコミュニケーションは、対面と性質が異なります。大きな違いは、身ぶり手ぶりや視線などの**非言語的情報が減る**ことです。そうすると、互いに話を理解できた感覚が得られにくくなり、どこか物足りない感覚になります。そのため、テレワークにおいては、心理的安全性の役割がより大きくなります。米ペンシルバニア州立大学大学院のパクの研究によると、テレワークの環境で心理的安全性が低いチームと高いチームを比較すると、高いチームのほうが作業のプロセスを定期的に改善し、**パフォーマンスや満足度を高めている**ことがわかりました。

米ミシガン大学のボスらの研究は、オンラインコミュニケーションのほうが対面より**信頼形成が遅れる**ことを指摘しています。オンラインでは非言語的情報が少なく、理解し合えた感覚が得られにくいので、はじめは互いを信頼しにくいのです。そこで、対面より意識的に行動することが必要です。仕事以外の話をする雑談タイムを設ける、できるだけ多く感謝の気持ちを言葉で表現する、ミーティングをこまめに開くなど、右ページに挙げたような信頼関係を築く方法を実践し、オンラインのデメリットを克服して心理的安全性を高めていきましょう。

オンラインでも心理的安全性の効果が高い

●オンラインコミュニケーションのデメリット

身ぶり手ぶりや視線などの非言語的情報が減る

互いに話を理解し合えた感覚が得られにくい

▶ 対面より信頼形成が遅れる

信頼関係がないと仕事上の確認が増えて非効率

●心理的安全性が高いと……

対人関係のリスクを感じず、相手を信頼して話ができる ▶

周囲の評価を気にせず、アイデアや意見を活発に出せる ▶

オンラインでも円滑なコミュニケーションが可能 ▶

改善しながらパフォーマンスや満足度を高められる

オンラインで信頼関係を構築する方法

- コミュニケーションの量と頻度を増やし、相互理解を深める
- 仕事以外の話題が減りやすいため、雑談タイムなどを設ける
- 互いの貢献や支援に対して感謝の気持ちを言葉で表す
- 短い時間でよいので、気づいたらこまめにやり取りを行う
- オンライン会議でカメラをオンにするなど非言語的情報を増やす
- 新しいメンバーが加わったら、全員で顔合わせや自己紹介をする
- メンバーに自分の仕事に対する価値観を伝える
- 頻度は高くなくてよいが、たまに対面で会うと親密感が高まる
- 職場における暗黙の規範を言語化し、共有する

まとめ

- □ 心理的安全性はオンラインコミュニケーションを助ける
- □ 意識して信頼形成を行い、心理的安全性を高める

Column

心理的安全性は職場を支える基盤

心理的安全性には本章で紹介したように多くの効果がありますが、心理的安全性さえ高めれば、あらゆる職場環境が万全になるかというと、そうではありません。

心理的安全性は、職場で対人関係のリスクをとっても安全と思うことという定義のとおり、機能する範囲が「対人関係」に限られているのです。確かに、心理的安全性が醸成されれば、職場の対人関係は良好なものになります。しかし、たとえば、8節で解説したように組織の目標が適切に設定されていなければ、たとえ対人関係におけるリスクが軽減されても、成果は出ないでしょう。目標の方向性だけではなく、目標のレベルも大切です（P.22参照）。

ほかにも、求められる水準の能力をもったメンバーで構成されていなければ、心理的安全性が高まっても、組織として期待されるパフォーマンスは発揮できません。ただし、メンバー全員が高い能力をもっていなければならないわけではなく、平凡な人材が心理的安全性の醸成に重要な働きをするという知見もあることは説明しました。（P.24参照）。

心理的安全性は、それ１つですべての問題が解決するような万能薬ではありませんが、それを欠いてしまうと、メンバーの学習行動が起こりにくいなどの深刻な問題が発生します。その意味では、組織が高パフォーマンスを発揮するために、職場における対人関係の基盤として、しっかりと整えておかなければならないものなのです。

THE BEGINNER'S GUIDE TO PSYCHOLOGICAL SAFETY

Part 3

心理的安全性を高めるステップ①

マネージャーに求められる行動と考え方

マネージャーの10の行動が鍵を握る

▶リスクを受け入れられるようにするマネージャーの行動

心理的安全性を高めるうえで大きなハードルとなるのは、「自分が悪い評価を受けるのではないか」といった気持ちです。これを「**評価懸念**」と呼びます。メンバーが自分の意見や要望を言うとき、評価懸念を感じさせないようにするには、評価者であるマネージャーの振る舞いが重要になります。

マネージャーの行動は職場の価値観を形成する一因となります。たとえば、マネージャーがメンバーの失敗を許さないと、失敗に厳しい職場が生まれます。こういった背景を踏まえ、次節から**心理的安全性を高めるマネージャーの10の行動**を紹介します。

たとえばマネージャーには、相談しやすい環境をつくったり、自分よりメンバーを優先して接したりすることが求められます。ほかにも、マネージャーとメンバーの関係の質が高いこと、メンバーが「マネージャーに信頼されている」と思うこと、マネージャーがメンバーからの尊敬を集めていることなども影響します。さらに、マネージャーが理想を示したり、模範となったりするような、率先垂範の行動も求められます。

もしあなたがマネージャーであれば、次節以降の内容を「この行動を心がけよう」といった具合に生かしてください。あなたがメンバーの立場なら、マネージャーにこれらの行動を促すようなメンバーの行動も示したので参考にしてください。マネージャーの行動を待つだけではなく、**メンバーが積極的に協力する**ことで、より早く心理的安全の高い職場を実現できます。

▶ マネージャーに求められる10の行動

❶インクルーシブ・リーダーシップ	メンバーからの意見や要望を受け入れる 例：メンバーの意見を聞く時間を確保する メンバーから聞いた意見を実行に移す
❷変革型リーダーシップ	メンバーの見解を尊重し、動機付ける 例：あるべき姿をメンバーと共有する メンバーに仕事の意義を伝える
❸パラドキシカル・リーダーシップ	業務上の矛盾する要請に対し、それを両立させる 例：メンバーと距離を保ちつつ、親密に接する メンバーを平等に扱いつつ、個性に配慮する
❹サーバント・リーダーシップ	メンバーに寄り添い、自分の利益を顧みない 例：メンバーの置かれている状況を理解する メンバーにとっての癒しを提供する
❺謙虚なリーダーシップ	メンバーに助言を求めるなど、対等に接する 例：わからないことはわからないと言う 自分の失敗や欠点をさらけ出す
❻LMX	メンバーに働きかけ、メンバーとの関係の質を高める 例：メンバーがよい仕事をしたときに褒める メンバーが仕事で活躍することを期待する
❼被信頼感	マネージャーから信頼されていると感じてもらう 例：メンバーに重要性の高い仕事を任せる 意思決定の際にメンバーに意見を求める
❽文化的誤解	文化的背景の違いが悪影響に陥らないようにする 例：文化的背景の違いを認める 文化の異なるメンバーに敬意を払い、尊重する
❾倫理的リーダーシップ	メンバーに対して誠実かつ公正に振る舞う 例：見せかけで公正さを示さない さまざまな利害を考慮し、調整を続ける
❿パワーとステータス	メンバーからの尊敬を得て、愛着をもってもらう 例：マネージャーの権力を不必要に行使しない メンバーの相談に乗り、気持ちに寄り添う

まとめ

- ☐ マネージャーは評価者であり、職場の雰囲気をつくる
- ☐ マネージャーの10の行動が心理的安全性を高める

相談しやすい環境をつくる ～①インクルーシブ・リーダーシップ～

▶メンバーの意見を聞き、実行して感謝する

「**インクルーシブ・リーダーシップ**」とは、**メンバーの意見や要望をオープンに受け止める**リーダーシップのことです。心理的安全性に関する研究を俯瞰した米クレイトン大学のフレーザーら（P.18参照）の論文によれば、マネージャーのインクルーシブ・リーダーシップが高いほど、職場の心理的安全性も高いことがわかっています。米ハーバード大学のネンバードとエドモンドソンは、困ったときに相談しやすいマネージャーは、インクルーシブ・リーダーシップが高いと説明しています。つまり、メンバーが「自分の意見を言っても大丈夫」と感じられるのです。

インクルーシブ・リーダーシップを高めるためには、3つのポイントがあります。1つめは、**普段からメンバーの意見に耳を傾ける**ことです。マネージャーからメンバーに「これについてどう思いますか？」と尋ね、メンバーから意見が出たら褒めましょう。チャットで気軽に意見をもらうことも有効です。2つめは、**意見を聞く時間を確保する**ことです。マネージャーとメンバーで定期的にミーティングを実施すると、話す機会ができて相談しやすくなります。ほかにも、会議で意見を聞く時間を設けたり、「月曜日の午前は意見を聞く時間」とルール化したりすることで、相談の優先度を高められます。3つめは、**メンバーから聞いた意見を実行に移す**ことです。意見を聞くだけに終わると、メンバーは「意見を言って意味があるのか？」と疑問に思います。「○○さんの意見を実行して結果が出ました。ありがとうございます」と感謝を伝えるのも有効です。

インクルーシブ・リーダーシップで環境を整える

メンバーの意見に耳を傾ける

「これについてどう思いますか？」と尋ね、メンバーから意見が出たら褒める

意見を聞く時間を確保する

メンバーと定期的にミーティングを実施し、話す機会をつくる

メンバーの意見を実行に移す

メンバーから意見を聞くだけではなく、実行に移してメンバーに感謝を伝える

▼

相談しやすい環境

- 困ったときに相談しやすい
- 自分の意見を言ってよいと感じられる
- チームをよくしようと思うようになる

心理的安全性が高まる

▲

●相談しやすい環境をつくるメンバーの行動

- 小さなことでも普段から相談する
- 相談に乗ってもらったら、マネージャーに感謝を伝える
- マネージャーとのコミュニケーションの頻度を上げる
- 自分が言った意見をメモし、マネージャーと共有する
- 自分の意見が反映されたら、マネージャーに喜びを伝える
- 相談のしかたがわからないときは、マネージャーに伝える

まとめ

- □ マネージャーは相談しやすい存在であることが大事
- □ メンバーの意見を聞き、実行に移したうえで感謝を示す

理想を示して動機付けを行う ～②変革型リーダーシップ～

▶理想を掲げ、仕事の意義を伝え、新しい視点を与える

心理的安全性を高めるマネージャーの行動として、一貫して検証されているのは「**変革型リーダーシップ**」です。変革型リーダーシップとは、**メンバーの見解を尊重し、動機付ける**リーダーシップのことです。米ニューヨーク州立大学のユクルは、変革型リーダーシップについて、次のような特徴を挙げています。それは、マネージャー自らが手本となるように努めること、さまざまな角度から物事を見るように促すこと、成長のための助言を行うことです。

変革型リーダーシップを発揮するマネージャーは、**メンバーに新たな視点や有益な情報を提供**し、メンバーとの関係をよくします。また、そういったマネージャーは**理想を語ります**。それにより、メンバーは自分に期待される役割を推測しやすくなります。その結果、心理的安全性が高まるのです。

変革型リーダーシップに重要なことは次の4つです。

❶**理想を掲げる**：メンバーが感銘するような理想を掲げるため、まずは自分の理想について考える時間をとる。

❷**仕事の意義を伝え鼓舞する**：その仕事が組織にどう貢献するかをメンバーと一緒に考えてみる。

❸**学習機会を提供する**：直接指導するほか、成長できそうな仕事を与える。

❹**新しい視点を与える**：マネージャーだけがもっている情報を提供したり、豊富な経験をもとに助言したり、メンバーの視点を揺さぶる質問をしたりする。

▶ 変革型リーダーシップでメンバーとの関係をよくする

❶理想を掲げる
自分の目指すことについて考え、メンバーが感銘する理想を伝える

❷仕事の意義を伝え鼓舞する
その仕事が組織にどう貢献するかをメンバーと一緒に考える

❸学習機会を提供する
直接指導するほか、成長できそうな仕事を提供する

❹新しい視点を与える
情報提供や助言、メンバーの視点を揺さぶる質問などをする

▼

メンバーとの関係が良好になる

心理的安全性が高まる

▲

●変革型リーダーシップを促進するメンバーの行動

- マネージャーがもっているビジョンを尋ねてみる
- 自分の仕事が組織にどう貢献しているかを聞く
- 成長意欲をもち、それをマネージャーに伝える
- 自分のなりたい人物像をマネージャーに伝える

まとめ
- ☐ マネージャーが魅力的な理想をもち、メンバーに語る
- ☐ メンバーに新しい視点や成長の機会を提供していく

距離感と接し方の矛盾を両立させる ～③パラドキシカル・リーダーシップ～

▶矛盾を両立させると、メンバーは公正感を抱く

マネージャーの「**パラドキシカル・リーダーシップ**」が高いと、職場の心理的安全性も高く、メンバーは主体的な行動をとることが、韓国の大邱カトリック大学のキムの研究で明らかになっています。パラドックスとは、ある事象に矛盾がある状況を指します。たとえば、メンバーの行動を統制することと、メンバーに権限を委譲することは矛盾します。**矛盾する要請を両立させる**ことがパラドキシカル・リーダーシップです。

前述のキムの研究などによれば、心理的安全性を高めるために両立すべきパラドックスは2つあります。まず1つは「**距離感**」のパラドックスです。これは、マネージャーとメンバーが「距離を置くこと」と「親密な関係を築くこと」の矛盾です。たとえば、日頃は仕事を任せて細部は干渉しない一方で、仕事の重要な局面で助言や指導を丁寧に行うとか、日常業務では1人のプロフェッショナルな人材として扱いながら、メンバーとの親交を深める機会をつくるなどがあります。

もう1つは「**接し方**」のパラドックスです。これは、マネージャーが「メンバーを平等に扱うこと」と「メンバーの個性に配慮すること」の矛盾です。たとえば、すべてのメンバーに例外なく、個々人の課題や業務内容に応じた支援を行いながら、メンバーそれぞれの能力や特性を踏まえた責任や役割を与えることが考えられます。これらの矛盾する要請にマネージャーが対応できていれば、メンバーは**公正感を抱き、主体的に働く**ようになるのです。

パラドックスを両立させて公正感を抱かせる

●「距離感」のパラドックス

メンバーと距離を置く

⇕

メンバーと親密な関係を築く

▶

たとえば…

日常業務と面談で対応を分ける

例：普段は仕事を任せながら、
定期的に個人面談を実施する

●「接し方」のパラドックス

メンバーを平等に扱う

⇕

メンバーの個性に配慮する

▶

たとえば…

目標と達成度を分けて評価する

例：目標はメンバーの特性に応じて設定し、評価は達成度で行う

パラドックスを両立させる

▼

メンバーが公正感を抱く

心理的安全性が高まる

▲

●パラドキシカル・リーダーシップを促進するメンバーの行動

- マネージャーに対して一貫性を求めない
- 以前と異なる対応をされても許容する
- どんな対応を望んでいるかをマネージャーに伝える
- その時々でマネージャーに求められる行動が異なることを理解する

まとめ

- □ 矛盾した要請を両立させることが大切
- □ メンバーとの距離感と接し方を局面に応じて使い分ける

自分よりメンバーを優先する
～④サーバント・リーダーシップ～

▶メンバーに尽くすことで安心感を与える

「**サーバント・リーダーシップ**」とは、奉仕者を意味する「サーバント」と指導者である「リーダー」を組み合わせたもので、**メンバーの考えを聞いて寄り添い、自分よりメンバーを優先して接する**リーダーシップを表します。このようなマネージャーのもとでは、心理的安全性が高いことが確認されています。メンバーが「マネージャーは自分を犠牲にしてでも私のことを考えてくれる」と感じると、**マネージャーに安心感を抱く**のです。サーバント・リーダーシップは、メンバーを尊重する点でインクルーシブ・リーダーシップと似ていますが、前者はメンバーに積極的に奉仕するのに対し、後者は相談しやすい環境づくりを重視する点で異なります。米ネブラスカ大学のバルブートらによれば、サーバント・リーダーシップをとるために、主に次の観点に気をつける必要があるとされています。

❶**メンバーの考えを聞く**：メンバーの考えや意見を聞いたうえで、否定せずに承認する。

❷**メンバーの状況を理解する**：その時々のメンバーの立場や、直面している状況を把握する。

❸**メンバーに成長の場を用意する**：メンバーが望むことをきちんと理解して提供する。

❹**メンバーの感情に寄り添う**：マネージャーがメンバーに情緒的な癒しを与える。

❺**メンバーの課題を知る**：今後の展開を予測し、メンバーに対する支援を先回りして準備する。

サーバント・リーダーシップで安心感を抱かせる

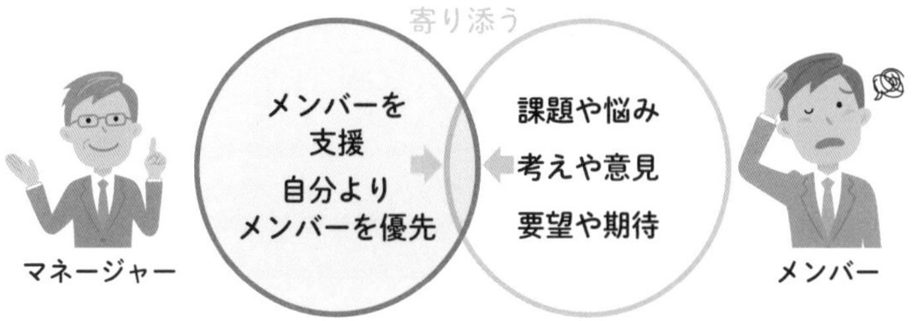

❶メンバーの考えを聞く メンバーの考えや意見をよく聞いて承認する	❷メンバーの状況を理解する メンバーの立場や直面している状況を把握する	❸メンバーに成長の場を用意する メンバーの望むものをきちんと提供する
❹メンバーの感情に寄り添う メンバーに情緒的な癒しを与える	❺メンバーの課題を知る 今後の展開を予測し、支援の準備をする	

▼

メンバーが安心感を抱く

心理的安全性が高まる

▲

●サーバント・リーダーシップを促進するメンバーの行動

- 自分の望んでいることをマネージャーと共有する
- 自分の置かれている状況をマネージャーに伝える
- 仕事以外のこともマネージャーに相談する
- 今悩んでいることをこまめに相談する

まとめ

- □ マネージャーがメンバーに奉仕する意識をもって行動する
- □ メンバーを優先し、その状況に合わせた関わり方を実践する

メンバーと対等にやり取りする
～⑤謙虚なリーダーシップ～

▶欠点を認めたり助言を求めたりして信頼関係を築く

「**謙虚なリーダーシップ**」とは、マネージャーの権威を横に置き、**メンバーと対等にコミュニケーションをとる**ことです。このようなマネージャーは、自分の欠点を認めたりメンバーに助言を求めたりできます。中国の遼寧大学のリュウらは、謙虚なリーダーシップが有効である理由を２つ挙げています。１つは、上下関係が緩和され、マネージャーとメンバーとの間に信頼関係が形成されることです。もう１つは、メンバーが「間違うのは普通のこと」「失敗も学習の一部」と考え、失敗を恐れなくなることです。

謙虚なリーダーシップを発揮するためには、「マネージャーは強くなければならない」という固定観念を打破し、互いに対等であることを認識する必要があります。マネージャー自身に欠点があればそれを認め、メンバーの意見を受け入れて改善に取り組むなど、**欠点と向き合う姿勢を見せていく**のです。そうすることで、メンバーは「自分が完璧でなくても大丈夫」と考えるようになります。

注意点として、「イメージアップのために対等さを装っている」と思われると、メンバーはマネージャーを警戒し、不安を募らせます。マネージャーは心から自分をさらけ出す必要があるのです。たとえば、メンバーの努力を丹念に観察すれば、マネージャー自身がメンバーに支えられていることに気づき、謙虚になれるでしょう。心理的安全性はメンバーがリスクを恐れずに本音を言えることですが、**マネージャー自身からメンバーに本当の自分を見せることを実践**すべきということです。

謙虚なリーダーシップで対等な関係を築く

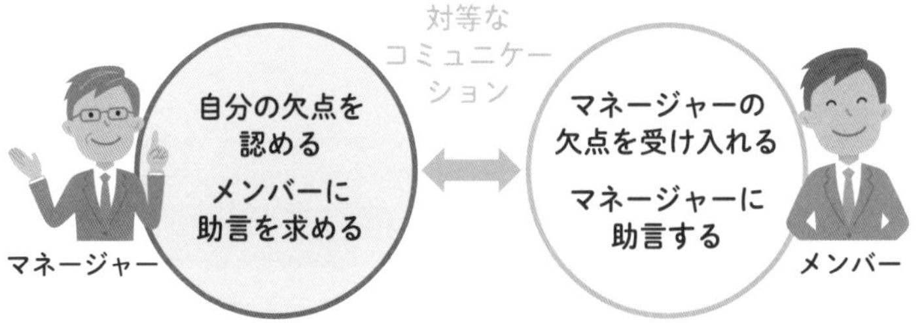

- マネージャーもメンバーも互いに対等であることを認識する
- メンバーの意見を積極的に受け入れ、欠点の改善に取り組む
- メンバーの努力を丹念に観察し、メンバーに感謝を伝える

マネージャー自身をさらけ出す

▼

上下関係の緩和
マネージャーとメンバーの信頼関係が形成される

失敗を恐れなくなる
「間違うのは普通のこと」
「失敗も学習の一部」

心理的安全性が高まる

▲

●謙虚なリーダーシップを促進するメンバーの行動

- マネージャーが欠点を認めたら温かく受け入れる
- マネージャーのわからないことを丁寧に教える
- マネージャーが謙虚に振る舞うのはよいことと理解する
- 欠点がその人のすべてと認識しないようにする

まとめ
- □ 権威を横に置き、メンバーと対等にやり取りする
- □ 失敗や欠点を認める姿勢をマネージャーから実践する

メンバーとの関係の質を高める ～⑥LMXを向上させる～

マネージャーとの関係を良好に感じてもらう

近年、マネージャーとメンバーの関係の質を表す「**LMX**（Leader Member Exchange）」が注目されています。LMXが高い状態とは、メンバーが「マネージャーは私の要望を理解している」「マネージャーは自分を犠牲にして私を助けてくれる」と思える状態、適切なリーダーシップにより**メンバーがマネージャーとの関係を良好に感じている状態**です。前出のフレーザーらの学術研究では、LMXが高いと心理的安全性が高まることが実証されており、メンバーは**マネージャーからの信頼や支援を感じ**、不安などを吐露しやすくなります。

LMXを高める方法は、米シンシナティ大学のグラーエンらによる研究があります。まずマネージャーにできることは、❶うまくいったら褒め、うまくいかなかったら助言する、❷魅力的な目標を立ててメンバーに気づきを与える、❸メンバーの成功を期待する、の3つです。

メンバーにできることは、①自己研鑽に努める、②熱心に仕事をして楽観的に過ごす、③不安や疲労の少ない働き方をする、④他責にならない、の4つです。メンバーがこうした態度でいると、マネージャーは「この人と関わりたい」と思い、丁寧に関わるようになります。結果、マネージャーとの関係に満足し、LMXが高まります。

また、**互いの価値観を理解する**と、身の振り方がわかり、関係の質を高めやすくなります。たとえば、定期的な面談を行う、始業・終業時に話しかける、SNSなど気楽に話せるツールを導入するなど、やり取りしやすい環境を整え、価値観を伝え合うようにしましょう。

▶ LMXを高めて深い関係を築く

❶称賛と助言
うまくいったら褒め、いかなかったら助言する

❷目標設定
魅力的な目標を立て、メンバーに気づきを与える

❸期待
メンバーがうまくいくことを期待する

▼

マネージャーとメンバーの関係の質が高まる

「マネージャーは私の要望を理解している」
「マネージャーは自分を犠牲にして私を助けてくれる」
「マネージャーの決めたことを擁護する」

メンバーが
マネージャーからの信頼や支援を感じる

メンバーが不安を
マネージャーに吐露しやすくなる

心理的安全性が高まる

▲

●関係の質を高めるためのメンバーの態度

1 自己研鑽
自分の能力を高めようと努力し続ける

2 前向きな感情
熱心に仕事に取り組んで楽観的に過ごす

3 自己管理
不安や疲労の少ない働き方をする

4 自責
他責にならないようにする

まとめ
- □ マネージャーとメンバーの関係の質を高めることが大事
- □ マネージャーの行動とメンバーの態度でやり取りを活発化

マネージャーの信頼を実感させる ～⑦被信頼感を高める～

▶仕事を任せたり意見を求めたりして被信頼感を高める

中国の中央財経大学ビジネススクールのソンらは、メンバーがマネージャーに「**被信頼感**」をもっているほど心理的安全性が高く、メンバーは組織をよくするための提案を行うようになることを実証しました。被信頼感とは、**「相手に信頼されている」と感じる感覚**です。メンバーの被信頼感が高いと、「失敗してもマネージャーは受け止めてくれる」と思うようになり、発言することを恐れなくなって、意見を言えるようになるのです。

とはいえ、マネージャーからメンバーへ「あなたを信頼している」と伝えるだけで被信頼感が高まるなら苦労しません。逆に、何度も言うと、「また言っている」と思われかねません。

そこで、マネージャーはさまざまな方法により、**メンバーに対して自分の信頼を示す必要**があります。たとえば、メンバーに重要性の高い仕事を任せたり、意思決定の際にメンバーに意見を求めたり、メンバーにとって難度の高い役割を与えたりする方法があります。ほかにも、メンバーの仕事に対してポジティブ・フィードバックを行ったり、メンバーの働きぶりをよく観察して具体的に称賛したりすることも有効です。さらには、マネージャーからメンバーに助言を求めたり、たまにマネージャーの悩みを打ち明けたりすることで、メンバーを信頼していることを暗に示します。

これらの方法により、メンバーの被信頼感が高まり、心理的安全性の醸成につながるのです。

▶ 被信頼感を高めてメンバーの意見を言いやすくする

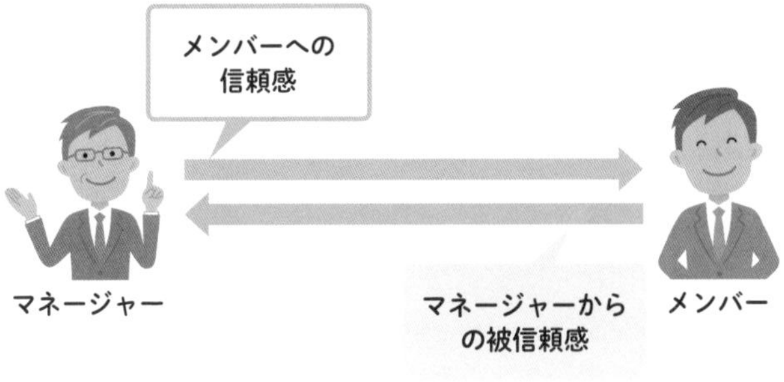

マネージャーから信頼されていると感じる感覚

重要性の高い仕事を任せる	意思決定の際に意見を求める	ポジティブ・フィードバックを行う	働きぶりを観察して具体的に称賛する

▼

被信頼感の醸成

「自分がうまくいかなくても
マネージャーは受け止めてくれる」

意見を言いやすくなる	組織をよくする提案が行える

心理的安全性が高まる

▲

●被信頼感を高めるためのメンバーの行動

- マネージャーから評価される自分の強みを考える
- マネージャーからのポジティブ・フィードバックを思い出す
- 自分が貢献できている点を探す
- 仕事を任せてもらえるようにマネージャーに働きかける

まとめ

- □ マネージャーからメンバーを頼って被信頼感を高める
- □ 被信頼感が高まるとメンバーは意見を言いやすくなる

文化の多様性に気を配る ～⑧文化的誤解を抑える～

文化の違いを認め、その違いを尊重する

グローバル化の進展により、国籍や人種を超えたメンバーどうしで仕事をすることが珍しくなくなっています。一方で、さまざまな文化的背景をもつメンバーで構成される集団では「**文化的誤解**」が発生します。文化的誤解とは、文化による考え方の違い、勘違い、偏見などで、コミュニケーションが気まずくなった状態を指します。たとえば、敬語や挨拶などの違いにより不快感を覚えたり、上下関係の考え方の違いにより対立が発生したりする状態です。

オランダのアムステルダム大学のレアスナイダーらは、国際的な集団では文化的誤解が生まれる結果、心理的安全性が低くなることを報告しています。対策としては、**文化の違いを認める**か、**文化の違いを気にしない**かの２つの方法が考えられます。このうち、文化の違いを認めると、文化的誤解が減ることが実証されています。違いを認めることで「自分は歓迎されている」と感じるようになり、メンバー間のコミュニケーションが増え、文化的誤解が減るのです。

文化的背景が異なるメンバーどうしで仕事を進めるときは、**互いの文化を理解し、その違いを認める**ことが重要です。これは、文化の違いをいたずらに強調することではありません。「違いがある」という前提に立ち、違っていても互いに尊重し合うことが心理的安全性につながります。たとえば、各メンバーの言語を学ぶ、それぞれの視点に立って良し悪しを想像する、メンバー間で文化的な違いをきちんと話し合う、文化的な違いで悩んでいるメンバーがいたら話を聞く、といったことを実践するとよいでしょう。

▶ 文化的誤解を抑えてチームに参加しやすくする

多様な文化のメンバー

文化的誤解

文化による考え方の違い、勘違い、偏見などが原因で、コミュニケーションが気まずくなる

文化の違いを認める

文化の違いを気にしない

文化的誤解を抑える

文化の違いを評価する

違う文化を尊重し合う

「自分はチームに歓迎されている」と感じる

心理的安全性が高まる

●文化的誤解を抑えるためのメンバーの行動

- ほかのメンバーと積極的に話をする
- ほかのメンバーの価値観を理解しようとする
- ほかのメンバーの価値観を自分の価値観で評価しない
- ほかのメンバーの価値観に敬意を払う

まとめ

- □ 異文化間では誤解が生じやすく心理的安全性が低下しやすい
- □「違いはあるもの」という前提で、メンバーそれぞれを尊重する

誠実で公正な行動をとる ～⑨倫理的リーダーシップ～

▶倫理的な行動をとることで安心感をもたらす

「**倫理的リーダーシップ**」とは、**マネージャーが誠実かつ公正に振る舞い、メンバーに思いやりや配慮を示す**ことです。ほかのリーダーシップと異なるのは、誠実さや公正さを重視している点です。中国の湖北第二師範大学の王らによって、倫理的リーダーシップを発揮するほど、心理的安全性が高まることが検証されています。

倫理的リーダーシップがあるマネージャーは、メンバーとの関係を大切にします。それにより、メンバーはマネージャーに人間性の高さを感じ、**メンバーとマネージャーとの間に信頼関係**ができて、マネージャーへの**発言を恐れなくなる**のです。

ただし、見せかけで倫理的リーダーシップをとることは危険です。逆に誠実さや公正さを欠く行為であり、メンバーが知れば、マネージャーを軽蔑したり、問題行動をとったりする可能性があります。また倫理的行動には、わかりやすい正解があるわけではありません。メンバーとその家族、顧客、経営層など、組織に関わるさまざまな対象を考慮し、**利害を調整する**必要があります。たとえば、業務の外注先を検討する際、実績や費用はもちろん、外注先との関係、推薦の理由、価値観の適合度など、多様な要件を考慮することが求められます。また、目標達成のためにはメンバーの尽力が欠かせませんが、働かせすぎると健康を害するおそれがあり、バランスをとらなければなりません。このように倫理的リーダーシップを実践するには、一部のみを優先せず、多くの人に適切な利益をもたらす行動を模索し続ける必要があるのです。

▶ 倫理的リーダーシップで思いやりや配慮を示す

メンバーをよく知る
メンバーが何を考え、どんな価値観をもっているかを知る

思いやりと配慮を示す
メンバーの要望や状況などを押さえ、思いやりや配慮を示す

利害を調整する
一部のみを優先せず、さまざまな人に配慮して利害を調整する

思いやりや配慮を示し、誠実かつ公正に振る舞う

▼

メンバーとの信頼関係が深まる

普段から誠実で公正に行動する

どんな行動が誠実なのかを常に模索し続ける

さまざまな関係者に一貫して倫理的に接する

心理的安全性が高まる

▲

●倫理的リーダーシップを促進するメンバーの行動

- 自分のもつ価値観をマネージャーと共有する
- マネージャーからの思いやりや配慮を察し、感謝する
- さまざまな人の利害を調整するマネージャーの状況に理解を示す
- メンバー自身も倫理的な行動とは何かを考え、実践に移す

まとめ

- ☐ 誠実かつ公正に振る舞うことで信頼関係を構築する
- ☐ さまざまな人への理解や配慮を欠かさないようにする

統制するより尊敬を集める
〜⑩パワーよりステータスを高める〜

▶権力を行使するのではなく、尊敬されるようになる

マネージャーのなかには、メンバーがアイデアや意見を言うことがはばかられる人と、気軽に言える人がいます。それらの違いについて参考になるのが、中国の上海財経大学の容らが行った研究です。この研究では、マネージャーとメンバーの関係における「**パワー**」と「**ステータス**」を分けて分析しています。

パワーとは、マネージャーがメンバーに**権力を用いて報酬や罰などを与える**ことを指します。ハイパワーのマネージャーのもとでは、メンバーは「怒らせてしまうのでは？」と不安になります。一方、ステータスとは、マネージャーがメンバーから**尊敬を得たり愛着をもたれたりしている状態**を指します。ハイステータスのマネージャーのもとでは、メンバーは「自分の意見を受け止めてくれる」と安心感を抱きます。

マネージャーは、自分がもつパワーに注意する必要があります。メンバーより強い立場であることを自覚し、**パワーを不必要に行使しない態度**が重要です。たとえば、メンバーに指示を出す際は、命令ではなく提案として伝えます。仕事の進捗に細かく口を出すことは控え、成果が期待より低くても、その要因を客観的に分析します。

一方、ステータスを高めることも意識しましょう。たとえば、メンバーの仕事を積極的に支援する、メンバーのキャリアを考えて新たな仕事や学習機会を用意する、メンバーの相談に乗って解決策を示すなど、メンバーに寄り添った行動をとることが大切です。

パワーを抑えてステータスを高める

パワー

権力を用いて報酬や罰を与える

「怒らせてしまうのでは？」と不安になり、心理的安全性が低下

不必要に行使しない

- 指示を出す際、「○○してもらえますか？」と提案で伝える
- 仕事の進捗に口を出さない
- 成果が低い要因を客観的に分析し、メンバーに個別に伝える

ステータス

尊敬を得たり愛着をもたれたりしている

「自分の意見を受け止めてくれる」と安心感を抱き、心理的安全性が高まる

普段から高める行動をする

- メンバーの仕事を積極的に支援
- メンバーのキャリアを考え、新たな仕事や学習機会を用意する
- メンバーの相談に乗り、解決策を示す

心理的安全性が高まる

●ステータス向上に貢献するメンバーの行動

- どんな支援が助かるかをマネージャーに伝える
- 尊敬や愛着を感じていることをマネージャーに伝える
- 相談に乗ってもらうために、普段から情報共有を行う

まとめ

☐ 権力で従わせようとすると、メンバーは不安になる
☐ メンバーの支援や学習機会の提供などでステータスを高める

「強いマネージャー」から決別する

メンバーを引っ張るマネージャー像はうまくいかない

心理的安全性を高めるうえでマネージャーの果たす役割が大きいことは、エドモンドソンが指摘し、その後の研究でも実証されています。本書でもさまざまな行動を紹介しましたが、なかでも筆者が重要と感じるのは、**マネージャーがメンバーと目線を合わせて特に弱さを見せる**こと（行動⑤）です。加えて、自分よりメンバーを優先する（行動④）、メンバーとの信頼関係を重視する（行動⑥⑦）といった行動が、心理的安全性を高めるのです。

この結果は「マネージャーがメンバーを引っ張るべき」と考える人にとっては、それでよいのかと心配になるかもしれません。しかし、弱さをさらけ出すことが有効なのです。

「弱さを見せるマネージャーがよい」という視点は、マネージャー像の転換ともいえます。ただし、「価値観を変えましょう」といわれても簡単にできないことを、米ミシガン大学のニスベットらは指摘します。それではどうするかというと、自分の行動が**「強いマネージャー像」に支配されたものでないかを確認**してから実行に移すことが有効です。具体的には、**メンバーと接する際に一呼吸おいてから対応する**ことが大切です。たとえば、深呼吸を数回すると冷静になれます。緊急でなければ、対応する時刻を決め、それまでに気持ちを切り替えて臨むとよいでしょう。また、改めて理念や目標などを確認すると、気持ちが落ち着くことがあります。自分がどんな感情になっているかを言葉にしたり、そのときの状況を外部のメンターなどに相談したりするのもよいでしょう。

▶ 弱さを見せることが心理的安全性に有効

強いマネージャー
メンバーを引っ張る
「強い」存在
であるべき

→ マネージャー像の転換 →

**弱さを見せる
マネージャー**
自分の欠点を認め、
メンバーとともに
歩む存在

▼

心理的安全性が高まる

実行前に「強いマネージャー像」に支配されていないかを確認

- 対応する前に深呼吸を数回する
- 対応時刻を決め、いったんリフレッシュする
- 自分の感情を言葉で表してみる
- 信頼できる人（外部のメンターなど）に相談する
- 改めて理念や目標などを確認する

メンバーは「強いマネージャー像」を求めすぎない

- マネージャーは弱さを見せにくい立場であることを理解する
- 弱さを見せたマネージャーに敬意を払う
- マネージャーに寄り添い、可能な範囲で支援する

まとめ

- □ マネージャーが弱さを見せることが心理的安全性を高める
- □ メンバーと接する際には立ち止まって自分の行動を見直す

Column

マネージャーが弱みを見せるための工夫

心理的安全性を高めるマネージャーの行動の1つに、マネージャー自身が自らの弱さをさらけ出すこと（P.66参照）があります。しかし、「強いマネージャー像」の神話があり（P.78参照）、一歩踏み出すのは容易ではありません。そこで、ここではマネージャーが弱みを見せるための工夫を紹介します。実行できそうなものから取り組んでみましょう。

・「現在」の話題はハードルが高いため、まずは「過去」にした失敗や、そこから得た教訓を打ち明ける。ブログやニュースレター、チャットなど、書き言葉を用いると伝えやすい。

・マネージャー自身が自らのビジョンを描く。「何を大切にして」「どこを目指したいのか」を明確にすれば、それを達成するための手段として弱みも見せやすくなる。

・弱みを見せてチームをうまくまとめているマネージャーを探し、自分のロールモデルにする。自分との共通点を探り、自分にできることを実行する。

・マネージャーとメンバーがそれぞれ、仕事でうまくいっていること、悩んでいることを発表する。それらを互いに共有することで、心理的障壁が下がる。

・マネージャーとメンバーがスキルの棚卸しをする。それぞれのもつ強みと弱みをスキルの観点で整理し、相互理解を深める。

・マネージャー自ら、自分の性格、癖、好み、能力などをまとめた「取扱説明書」をつくり、メンバーに渡す。そのなかには、長所や短所も含めておく。

THE BEGINNER'S GUIDE TO PSYCHOLOGICAL SAFETY

Part 4

心理的安全性を高めるステップ②

メンバーに適切に仕事を与えて支援する

仕事の与え方で心理的安全性は変わる

▶心理的安全性を高めやすい仕事の特性

仕事の特性が働く人の心理に影響を及ぼすことは、古くから研究されています。有名なものが「**職務特性理論**」です。自分で進め方を決められる仕事や、始めから終わりまで携われる仕事、重要性の高い仕事などが、やる気を高めるという理論です。詳しくは次節以降で述べますが、職務特性理論は心理的安全性にも利用できます。具体的には、次の3つの特徴をもつ仕事が心理的安全性を高めます。

❶**自律性（裁量の大きさ）**：自分自身で目標や計画、進め方などを決められると、リスクをとって行動することに前向きになる。

❷**相互依存性（仕事でのメンバー間の関わり）**：メンバー間で協力するとコミュニケーションが増え、関係が深まる。

❸**役割明確性（明確な役割）**：期待されている役割がわかると、やってよいことを把握でき、リスクを受け入れやすくなる。

このように、心理的安全性は仕事の与え方でも高めることができます。マネージャーは仕事の特性と心理的安全性との関係を知り、メンバーに**どんな仕事を与えれば効果的か**を考えましょう。

一方、メンバーは、マネージャーの仕事の与え方に期待するしかないのかというと、そうではありません。たとえば、**自分が前向きになれる仕事を求めにいく**こともできますし、周囲に積極的に働きかけて現在の仕事をつくり替えていくこともできます。

心理的安全性を高める仕事の特性を把握し、マネージャーは適切な仕事を与え、メンバーはそれを求めることで、活気のある職場をつくり出していきましょう。

▶ 心理的安全性を高めやすい仕事を与える

▶ 心理的安全性を高める仕事の例

- メンバー自身で判断できることが多い仕事
- メンバーが何を目指すべきかを考えられる仕事
- メンバーがどのように進めればよいかを決められる仕事
- メンバー自身でスケジュールを調整できる仕事
- １つの目標に向け、メンバーが関わり合いながら進める仕事
- 情報を共有しなければうまく進められない仕事
- ある人の進捗や成果がほかの人に影響するような仕事
- 周囲とのやり取りで求められているものがわかる仕事
- 自分への期待がわかりやすい仕事
- 文書化が進み、役割が理解しやすい仕事

まとめ

☐ 仕事の裁量の大きさ、相互の重なり、役割の明確さが有効
☐ 心理的安全性が高まる仕事を与える、求めにいく

仕事の裁量を大きくする
～①自律性をもたせる～

▶進め方まで含めてメンバーに仕事を任せる

米クレイトン大学のフレーザーら（P.18参照）は、メンバーが「**自律性**」の高い仕事をしていると、心理的安全性が高まることを明らかにしています。自律性とは、メンバー自身が**仕事の目標や計画、進め方などを決められる**状態です。

職務特性理論では、メンバーの心理にポジティブな影響を与える仕事の特徴がいくつか挙げられていますが、そのなかでも大切なのが仕事の自律性です。自律性が高いと、リスクを受け入れて行動することに前向きになるのです。仕事の進め方や体制、コストなどを含め、すべての仕事をメンバーに任せることが、心理的安全性を高めるために重要です。マネージャーは進捗が心配になるかもしれませんが、一度任せたら口出しをしないようにしましょう。

とはいえ、いきなり任せると、メンバーが困ってしまうことがあります。そのようなときは、**判断材料を提供**してみましょう。たとえば、「品質と納期のどちらを優先するかで迷ったら、納期を優先してください」とか、「最低限の品質として、ここまでは確保してください」といった基準を伝えるとよいでしょう。

注意が必要なのは、任せることは放置することではない点です。心理的安全性を高めるためには、**任された側が助けを求めやすくする**配慮が不可欠です。マネージャーはいつでも相談を受ける準備があることを示し、実際に助けを求められたら、自分の仕事は横に置いて支援しましょう。

仕事を任せてメンバーを前向きにさせる

マネージャー

- 任せたら口出しをしない
- メンバーが判断しやすいよう判断材料を提供する
- 放置せず、相談を受ける姿勢を見せる

メンバー

- リスクを受け入れて行動することに前向きになる
- 自分の裁量で判断・決定でき、仕事への意欲が高まる
- 困ったときはマネージャーに相談や助けを求める

仕事の与え方・任せ方の例

プロジェクトを分解し、そのうちの要素の１つを任せる

例：データ分析プロジェクトの分析パートを任せる

致命的な問題が発生しない仕事をすべて任せる

例：社内の整理整頓を推進する役割を担ってもらう

自由度が高く、決めることの多い上流の仕事を任せる

例：新商品の販売促進キャンペーンの企画を任せる

実行したいものの着手できていない仕事に挑戦してもらう

例：ソーシャルメディアの運用を試行してもらう

まとめ

- ☐ 仕事の裁量が大きいと、ポジティブで積極的になれる
- ☐ 仕事を任せたら口出しをしない一方、相談には乗る

メンバーを仕事で関わり合わせる ～②相互依存性を高める～

メンバーどうしで仕事を共有する

前出のフレーザーらは、心理的安全性に関する多くの研究を分析し、仕事の「**相互依存性**」が高いほど、心理的安全性も高いことを明らかにしました。相互依存性とは、**仕事を遂行するためにメンバーどうしが依存し合っている**状態を指します。ある人の仕事の進捗や成果が、ほかの人に影響を与えやすい場合、相互依存性が高いといえます。メンバーどうしが仕事で強く関わり合っている状態です。

仕事の相互依存性が高いと、綿密にコミュニケーションをとらなければ仕事がうまく進みません。そのため、**メンバーどうしのコミュニケーションが増え**、関係が深くなります。自ずとほかのメンバーの仕事の状況や価値観なども理解し合うようになります。このようにして、メンバーどうしが仲よくなったり、互いに理解し合ったりすることで、リスクを受け入れやすくなるのです。

相互依存性を高めるには、**複数人で目標を共有する**こと、**過剰な分業を避ける**ことがおすすめです。たとえば、「顧客のシステム改修」というゴールを共有しつつ、事前に役割分担を明確にせずに、ITツールでタスクを共有します。そのうえで、各々が相談しながらタスクを分担していく方法があります。声かけが必要な程度の粗い分担にとどめておくと、相互依存性は高まります。

仕事を進める過程でコミュニケーションをあまり必要としない職場では、仕事の相互依存性が低い可能性があります。メンバーが関わり合うようにタスク分担からメンバーに任せることで、心理的安全性が高まりやすい環境をつくることができます。

メンバーを仕事で関わり合わせて関係を深める

複数人で目標を共有する

過剰な分業を避ける

▼

コミュニケーションが増え、関係が深くなる
仕事の状況や価値観などを理解し合うようになる

メンバーを仕事で関わり合わせる工夫

- 複数のメンバーで１つの目標を立て、一緒に取り組む
- ほかのメンバーとのやり取りが必要な仕事を設計する
- 仕事上のコミュニケーションの頻度を高める
- 負担の大きいメンバーの仕事を積極的に支援する
- メンバー間で進捗を共有し、必要に応じて目標を軌道修正する
- 役割分担を決めたあと、進捗に応じて見直しをする
- 話し合いながら仕事の進め方やスケジュールを調整する
- 仕事の標準化をほどほどにとどめ、相談し合いながら進めてもらう

まとめ

- □ 相互に交流があり、進捗や価値観を共有することが大事
- □ 共通の目標を立て、粗い役割分担にとどめるようにする

期待する役割を明確にする
～③役割明確性を高める～

▶周囲との関わりを増やし、役割を理解しやすくする

過去に行われた多くの研究から、「**役割明確性**」が心理的安全性を高めることがわかっています。役割明確性とは、**メンバー自身が自分に期待されている役割を理解している**状態を指します。自分の役割がわかれば、行うべきタスクが明確になります。その結果、役割に沿って行動することで、周囲の反応を心配することが少なくなるのです。

役割明確性を高めるには、メンバーの役割やチームの規則などを定めることがまず考えられますが、それだけではありません。米テキサスA&M大学のトゥブレらは、役割明確性を高めるうえで、**メンバーと周囲との関わりが大切**なことを明らかにしました。たとえば、メンバーに対し、周囲からのフィードバックやマネージャーからの助言があると、メンバーは自分に期待されている役割を推測できます。そして、周囲との関わりが増えれば、自分に期待されている役割の情報が多く得られます。つまり、**役割に関する情報が得られやすい環境をつくる**ことが効果的なのです。

そこでマネージャーとメンバー、あるいはメンバーどうしで**他者理解**を促すコミュニケーションが頻繁にできる環境をつくることが大切です。たとえば、メンバーどうしが互いに相手に期待していることを伝え合うミーティングを行う、メンバーどうしで個人目標を共有して進捗に対する助言をし合う、個人面談でマネージャーからメンバーに職場目標への貢献度を伝える、メンバー間で今後の改善につながるコメントを送り合うといったことをすれば、役割に関する情報が自然と入ってきて、役割の理解が深まるはずです。

周囲との関わりで役割を理解させる

期待されている役割を理解する

▼

役割に沿って行動することで
リスクが低下

▲

メンバーの役割やチームの規則などを定める	メンバーと周囲の関わりを増やす

メンバーの役割を明確にする工夫

- メンバーどうしが相手に期待していることを伝え合うミーティングを行う
- メンバーどうしが互いの仕事のよい点を評価し、承認する機会をつくる
- メンバーどうしで個人目標を共有し、進捗に対する助言をし合う
- 個人面談などでマネージャーからメンバーに職場目標に対する貢献度を伝える
- 今後の改善につながる具体的なコメントを送り合う（フィードフォワード）
- 互いの仕事を改善するためのアイデアをブレインストーミング形式で列挙する
- ほかのメンバーの役割を１日だけ交代で実行してみる
- 仕事について自由に相談してよい時間（オフィスアワー）を設ける
- メンバーとランチやコーヒーブレイクを一緒に楽しむ

まとめ
- □ フィードバックや助言などでメンバーに役割を理解してもらう
- □ 周囲の仕事を理解し、自分の仕事とのつながりを意識する

メンバーに仕事を任せて頼る
～デリゲーションの4ステップ～

▶任せる仕事とメンバーを4ステップで検討する

メンバーに仕事を任せることが重要とはいえ、「なかなか任せることができない」と悩むマネージャーは少なくないでしょう。そこで、「**デリゲーション**」の研究に基づき、その要因を考えてみます。デリゲーションとは、日本語で「委譲」の意味で、**マネージャーがメンバーに権限を与える**ことを指します。

韓国のソウル大学のハンは、マネージャーがメンバーを信頼しているほど、デリゲーションを行うことを示しました。メンバーに仕事を任せると何が起こるかわからないので、メンバーを信頼していない限り気が引けるものです。そうした不安がある状況でもメンバーに仕事を任せるには、デリゲーションの4ステップで検討を行い、できるだけ失敗がないように進めましょう。

❶**任せる仕事を考える**：すべての仕事を任せる必要はない。まずは任せる仕事を絞り込む。

❷**任せるメンバーを考える**：誰に任せるとうまくいくかを考える。仕事の難易度とメンバーの能力を見比べる。

❸**メンバーに受け入れてもらう**：仕事を任せることは「押し付け」ではない。理由や意図を説明し、メンバーの合意を得る。

❹**メンバーが完遂するまで待つ**：仕事を任せたら口出しをせず、メンバーが完遂できると信じて待つ。

この4つのステップで検討を進めることで、メンバーに効果的に仕事を任せられるようになり、さらには仕事を任せるためのしくみもでき上がっていきます。

デリゲーションの4ステップで検討する

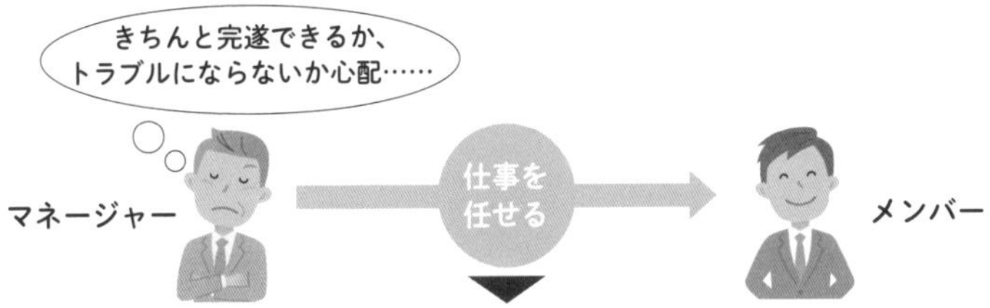

思い切って仕事を任せるために
デリゲーションの4ステップで検討する

●デリゲーションの４ステップ

❶任せる仕事を考える	すべての仕事を任せるのではなく、任せる仕事を絞り込む 例： 「データ分析の部分だけを切り離して任せる」 「採用支援企業と共同で、採用全体の設計を行ってもらう」
❷任せるメンバーを考える	仕事の難易度とメンバーの能力を見比べ、誰に任せるとうまくいくのかを検討する 例： 「分析の研修で高評価だったＡさんが適任ではないか」 「採用の施策に関わったＢさんがよいかもしれない」
❸メンバーに受け入れてもらう	仕事を任せる理由や意図を説明し、メンバーの合意を得る 例： 「研修で必要な技術は学んでいるので実践で試してほしい」 「採用の部分的な経験を総合し、全体を組み立ててほしい」
❹メンバーが完遂するまで待つ	仕事を任せたら口出しをせず、メンバーが完遂できると信じて待つ 例： 「もう少し効率的な方法があるが今は黙っていよう」 「新しい手法を導入するようだが反対はしないでおこう」

まとめ
- ☐ デリゲーションの4ステップで検討して仕事を任せる
- ☐ 任せる仕事とメンバーを検討し、任せたあとは信じて待つ

特にフォローが必要なメンバーの特徴

▶敏感で繊細な性格の人にはフォローが必要

同じ職場で同じ業務を行っていても、チームにはさまざまなタイプの人が存在します。個人の性質によって**心理的安全性の高まりやすい人とそうでない人**がいます。心理的安全性が高まりやすい人に多くのフォローは不要ですが、**高まりにくい人には丁寧なフォロー**が求められます。心理的安全性が高まりにくい人の特性として、次の４つが挙げられます。

❶**積極性が低い人**：行動を起こすことに不慣れで、不安を感じやすく、積極的に行動することに自信がない人。

対応：行動を起こすことへの不安を取り除くようにする。

❷**細部に敏感な人**：細かいことに感情が影響されやすく、対人関係で不安を感じやすい人。

対応：ストレスやネガティブな感情を減らすようにする。

❸**能力向上を志向しない人**：新しい方法を試したり、失敗を学習と受け止めたりすることができず、自分が評価されることを優先する傾向がある人。

対応：絶対評価を行って学習意欲を高める。

❹**自己意識が強い人**：他人から自分がどう見えるかが気になり、何に取り組むにも「自分が拒絶されないか」が心配になる人。

対応：周囲への心配を和らげ、ポジティブなフィードバックを行う。

総じて、周囲のことが気になったり、繊細なところがあったりする人は、心理的安全性が高まりにくいといえます。それぞれの傾向がある人へのフォローの方法は次節以降で説明します。

▶ 心理的安全性が高まりにくい人にはフォローが必要

まとめ

- □ 心理的安全性が高まりにくい人にはフォローが必要
- □ 周囲を気にする繊細な人へのフォローを手厚くする

積極性が低い人へのフォロー ～①プロアクティブ・パーソナリティを支援する～

行動を起こすことに不慣れな人に自信をもたせる

心理的安全性は、「**プロアクティブ・パーソナリティ**」の人は高まりやすい傾向があります。プロアクティブとは、日本語で「積極的な」という意味で、**自ら変革を起こし、問題を解決しようとする性格**のことです。米コーネル大学のデタートらは、プロアクティブ・パーソナリティの人は、どんなマネージャーのもとでも、組織への満足度が低くても、心理的安全性を感じやすいと指摘しています。

しかし、性格は簡単に変えられないため、プロアクティブ・パーソナリティでない人へのフォローを検討しましょう。プロアクティブ・パーソナリティでない人は**行動を起こすことが不慣れ**で、**不安を感じやすい**傾向があります。その不安を和らげるように働きかけましょう。たとえば、「時間はあるので考えを教えてください」「一緒にアクションプランを考えてみましょう」「商品と売り方のどちらを変えるとよさそうですか？」「それはよいアイデアですね。詳細を教えてもらえますか？」などといった声かけが有効です。

積極的に行動する自信をもってもらうフォローも必要です。それには、成功体験を提供するとよいでしょう。たとえば、会議の最後に参加者が意見を言う時間を設け、それを事前に伝えておきます。そうすると、会議中に自分の意見を考えられるので、何かしらの発言ができるはずです。こうした成功体験は、たとえ小さなものでも自信につながり、積極的な行動を促します。こうした体験の積み重ねによりプロアクティブ・パーソナリティを徐々に高めていくのです。

▶ 行動を起こすことが不慣れな人に自信をもたせる

積極性が低い人
- 行動を起こすことが不慣れ
- 不安を感じやすい
- 積極的に行動することに自信がない

▼ フォローが必要

意見を聞いてもらえる実感を与える

- メンバーの意見を聞く
- メンバーと一緒に意見を考える

成功体験を行動する自信につなげる

- 会議中に考えさせて発言を促す
- 結果が出たことを称賛する

●具体的な声かけの例

- 「質は気にしなくてよいので、アイデアを挙げてみましょう」
- 「すぐに決めなくてよいので、候補だけでも挙げておきましょう」
- 「よいアイデアに思えなくても、ほかの人には有益なことがあります」
- 「私は顧客をもう少し分析したほうがよいと思うのですが、どうですか？」
- 「反対する人は何と言いそうですか？」

▶ 積極性が低い人への対応の例

- コミュニケーション頻度を増やし、発言のハードルを下げる
- メンバー本人に明確に行動を起こすことを奨励する
- 行動を起こした際にポジティブ・フィードバックを欠かさない
- 積極性を発揮した状態のイメージトレーニングをしてもらう
- 思いついたものの行動できなかったことをメモしておいてもらう
- 営業や企画など、積極性の求められる仕事を一部経験してもらう
- 最初は積極性が低かったが現在は行動を起こしている先輩を紹介する

まとめ

- ☐ 本人の意見を聞いたり一緒に考えたりすることが有効
- ☐ 成功体験を提供して自信をもたせ、積極的な行動を促す

細部に敏感な人へのフォロー ～②情緒安定性に配慮する～

ストレスやネガティブな感情を減らす

米クレイトン大学のフレーザーら（P.18参照）の研究によれば、「**情緒安定性**」の低い人は心理的安全性を高めるために、特にフォローが必要なことが指摘されています。情緒安定性とは、**感情的に落ち着いており、対人関係で不安を感じにくい**傾向のことです。

情緒的安定性の低い人に対しては、**本人のストレスやネガティブな感情を減らす**ことが必要です。まず、メンバーのできないことや不足していることを指摘するのは控え、できることを褒めるようにします。ネガティブ・フィードバックではなく**ポジティブ・フィードバック**に努めるのです。メンバーが失敗しても、失敗を責めるのではなく、「失敗は歓迎」と伝えることが大切です。

周囲の人が、ネガティブな感情を出すことを抑えることも大切です。たとえば、「いつでも相談に乗りますよ」と声をかけたり、努力を労ったりするとよいでしょう。周囲の人の不機嫌さに影響され、その人の不安感が高まってしまわないように注意が必要です。

こういった人には、職場で仕事の良し悪しの基準をしっかりと共有することが効果的です。マネージャーの感情や周囲の人の多様な基準で判断されると、常に不安な状態になりますが、基準が明確にわかっていれば、職場で許される振る舞いが見え、ストレスやネガティブな感情を減らすことができます。メンバーどうしで仕事に対する考えを話す機会をつくったり、非公式な関わりを増やして人間関係を深めたりすることも、情緒安定性の低い人にとって職場の安心感を高めることにつながります。

敏感な人にネガティブに感じさせないようにする

細部に敏感な人

- 細かいことに感情が影響されやすい
- 対人関係で不安を感じやすい
- ストレスやネガティブな感情を抱きやすい

▼ フォローが必要

本人のストレスを減らす

- メンバーのできないこと・不足していることを責めない
- できることを褒めるようにする（ポジティブ・フィードバック）
- 「失敗は歓迎」と伝える

周囲のネガティブな感情を減らす

- 周囲がネガティブな感情を出すことを抑える
- 周囲の感情で本人の不安感が高まることを避ける

仕事の良し悪しの基準を共有

- マネージャーの感情や周囲の人の多様な基準で判断されないので安心
- 何をして大丈夫かを伝える

相互理解を図る

- メンバーどうしで仕事に対する考えを話す機会をつくる
- 非公式な関わりを増やし、人間関係を深める

一部の人のみ心理的安全性が高い状態で、職場全体のパフォーマンスやエンゲージメントを高めることは困難。敏感な人にも働きやすい職場環境にするため、丁寧なフォローが求められる

まとめ

- ☐ 不安を感じやすい人にポジティブ・フィードバックをする
- ☐ 周囲がネガティブ感情を出さない職場環境を構築する

能力向上を志向しない人へのフォロー ～③学習目標志向性を高める～

失敗を前向きに捉えられるように能力向上を意識させる

自分の能力を向上させることを目指す性質を「**学習目標志向性**」といいます。学習目標志向性が高い人ほど、心理的安全性も高い傾向があります。こういった人は、ただ前例を踏襲するのではなく、新しい方法を積極的に試します。新しい方法は不慣れなことが多いので、失敗しやすくなります。しかし、**「失敗は学習につながる」とポジティブに捉えている**ことが特徴です。そのため、リスクを受け入れて行動することをいとわないのです。

似て異なるものとして、「**遂行目標志向性**」があります。遂行目標志向性とは、自分の能力が評価されることを目指す性質です。こういった人は、学習目標志向性の高い人と比べ、周囲に助けを求めません。助けを求めると、自分の能力の低さを露呈することになると感じるからです。

米ロチェスター大学のチャーチらの研究では、学習目標志向性が低い人でも学習目標志向性が高い人へと変容を促せることが示されています。それには、**絶対評価を行う**ことが重要です。競争を意識させる相対評価では、遂行目標志向性が高まり、職場学習が妨げられてしまうので避けましょう。具体的には、マネージャーとメンバーの1対1で成長を承認する面談を行うことが有効です。面談の場で、「前より何ができるようになったか」を確認する機会を月1回などの頻度で設けるとよいでしょう。他人との比較ではなく、昨年の本人との比較や、本人の目標と現状との比較により、成長していること、目標に近づいていることを伝えます。

▶ 能力向上を志向するように働きかける

能力向上を目指す人

・新しい方法を積極的に試す
・失敗をポジティブに捉える

▼

心理的安全性が高まりやすい

能力評価を目指す人

・能力を評価されることを求める
・周囲に助けを求めない

▼

心理的安全性が高まりにくい

●能力向上を志向しない人へのフォローの例

絶対評価を行う

- 小さな目標を決め、それを達成できたかどうかを確認する
- メンバーに合った目標を設定し、その進捗を管理する

成長を承認する

- 1対1で面談し、できるようになったことを承認する
- 過去の本人との比較や、目標に前進していることに注目する

学習遍歴を語る

- これまでどんな経験をし、そこから何を学んだかを伝える
- どんな人も能力を高めることで現在に至っていることを理解させる

学ぶ姿を見せる

- 周囲が学んでいる姿を見せることで能力向上を自然なものと捉えさせる
- 学習する人を高く評価し、重視していることを明らかにする

まとめ

☐ 学習目標志向性が高いと失敗を恐れずに行動できる
☐ 学習への志向性を高めるため、絶対評価の機会をつくる

周囲の目が気になる人へのフォロー ～④自己意識を弱める～

何を言ってもいいことを伝え、発言に感謝する

「**自己意識**」とは、他人から見た自分を強く意識する性質です。「自分の行動がどう見られるか」に注意を払う性格ともいえます。中国科学技術大学のチャンらの研究によれば、自己意識が強い人ほど心理的安全性が低いことがわかっています。

自己意識が強いと、何に取り組むにも「自分が拒絶されないか」が心配になり、リスクを受け入れるのが難しくなります。また、自分から情報を発信した結果、ネガティブな反応をされることを不安に思います。そのため、心理的安全性と相性がよくありません。

そこで、自己意識の強い人には、**周囲からの見え方に対する心配を和らげるフォロー**をしましょう。まず、「意見を言っても大丈夫」と励ますことです。基本的なことですが、言葉にして伝え続けることが大事です。普段から「誰かが意見を言ったら必ず褒める」というマネージャーの行動もよい影響を与えます。本人に「意見を言うとよい反応がもらえる」という結果を観察してもらうのです。

次に、本人が意見を言ったら、**ポジティブ・フィードバック**を心がけます。意見の質を問う必要はありません。発言に感謝し、「今の意見は○○を改善するヒントになりますね」などと意味付けすることがポイントです。会議の冒頭で「ここでは意見の質は問いません」と明言することも、発言のハードルを下げるのに効果的です。

また、マネージャーやメンバーから「どう見えているか」を本人に伝えると、心配材料が減って安心できます。自己意識の強い人が安心できるような場をつくれば、組織全体に好影響があるはずです。

不安を和らげ、何を言ってもよい環境をつくる

周囲の目が気になる人

・「拒絶されないか」が心配になる

・自分が発信した情報が他人にネガティブに受け取られないか不安

▼ フォローが必要

不安を和らげる

- メンバーに「意見を言って大丈夫」と励ます
- 何を言ってもよいことを繰り返し言葉にして伝え続ける

何を言ってもよい場をつくる

- 意見の質を問わないと伝える
- 本人以外の誰かが意見を言ったとき、意見を出したことを褒める

ポジティブ・フィードバックをする

- 発言したことに感謝する
- 発言の質は問わず、その発言の意味付けを行う

見え方を共有する

- 「周囲からどう見えているか」を共有する
- 自分の見え方が明確になれば、心配材料が減る

周囲の目が気になる人は、それだけ周囲が見えている人でもある。そうした人を取り込むことで、新たな視点からのアイデアや意見を得られることがある

まとめ

- □ 周囲の目が気になる人は心理的安全性を感じにくい
- □ 発言を促したり評価しない場にしたりして不安を抑える

Column

心理的安全性が高まらないと「ダメな人材」か？

本章で見てきたように、メンバーのなかには心理的安全性が高まりやすい人もいれば、高まりにくい人もいます。ただし、誤解してはならないのは、心理的安全性が高まりにくいからといって、決して「ダメな人材」ではないということです。たとえば、周囲の目が気になるという自己意識の強い人（P.100参照）は、何か問題が発生したとき、最初に違和感を覚え、問題を発見する可能性があります。

メンバーはそれぞれ特徴をもっていて、それが生きる場面は必ずあります。どの場面でその特徴が生きるかを考えることが、本来、必要とされているマネジメントといえるでしょう。マネジメントとは、今いるメンバーで、より働きやすくパフォーマンスを発揮しやすい環境を整えることであると、筆者は考えます。

また、メンバーどうしが互いの強みと弱みを把握したうえで、それぞれの強みを尊重し、弱みを補い合っていくことが求められます。仕事は、集団としてパフォーマンスを発揮できることが重要です。よい人材が集まっているより、集まったメンバーが連携し、全体として機能していることが、社会的に望ましい職場として求められるのです。

そのため本書では、心理的安全性が高まりにくい人を排除すべきとは述べていません。むしろ、そうした人を職場で抱えながら、きちんとフォローして生かすことが大切なのです。心理的安全性を考える際、メンバーを切り捨てるのではなく、今いるメンバーをどう生かすかを考える視座をもってもらえると幸いです。

Part 5

心理的安全性を高めるステップ③

組織で安全な職場づくりを推進する

心理的安全性を生み出す職場の8つの共通点

▶職場の特徴がメンバーの心理的安全性を左右する

働く個々人の周囲には職場という環境があり、職場が人に与える影響は小さくありません。心理的安全性を高めるには、マネージャーやメンバーの個々の努力だけではなく、**組織として働く環境を改善していく必要**があります。それでは、どのように働く環境を整え、組織を改善していけばよいのでしょうか。

たとえば、困っているメンバーを助ける、メンバーどうしでコミュニケーションを頻繁にとるなど、互いに支え合う文化があると、心理的安全性が高まりやすくなります。また、一緒に働いた経験のある人が職場にいると、互いに対人関係のリスクを恐れなくなることもわかっています。

心理的安全性は、**職場を満たす感情**にも影響を受けます。ポジティブな感情で満たされている職場では、メンバーどうしが互いを肯定的に受け止めるようになります。心理的安全性が十分に高い状態にあると、メンバー間で仕事に対する意見の相違があっても建設的に機能することも確認されています。

仕事以外の活動が心理的安全性の醸成に寄与することも確認されています。たとえば、メンバーどうしで一緒にゲームに取り組んだり、仕事の合間にふざけ合ったりすると、メンバーどうしの関係性を構築しやすいことが明らかになっています。また、仕事と家庭の間によい相互作用が生まれる職場づくりも大切です。

次節から、心理的安全性の高い環境をつくるための8つのヒントを紹介していきます。

▶職場の心理的安全性を高める8つの要素

❶ピアサポートを文化にする	互いに支え合う関係が信頼を生み、「ミスをしても大丈夫」という感覚が得られる。たとえば、仕事や感情の状況を可視化し、有益な支援を促すとよい
❷アジャイルに進める	仕事の目標や計画、進め方を柔軟に変えていくため、メンバー間でコミュニケーションを頻繁にとることが大事。相互理解を深めるやり取りを行うとよい
❸チーム親近感を高める	一緒に働いた経験のある人がいると心理的安全性が高まる。異動や新規採用などで新しいメンバーが入ったら丁寧にフォローをする
❹集団感情をポジティブにする	ポジティブな感情で満たされた集団ほど、心理的安全性が高まりやすい。たとえば、メンバーの感情に寄り添い、その背景を理解することが有効
❺タスク・コンフリクトを活用する	心理的安全性が高いと、メンバー間での意見の相違が学習をもたらす。通常、ネガティブな働きのあるタスク・コンフリクトもよい影響を及ぼす
❻ゲームに取り組む	ゲームをすることで、役職や立場を超えた個人としての関わりができる。チーム内でコミュニケーションが発生するゲームをしてみるとよい
❼職場で自然に遊ぶ	仕事に関係ない遊びに興じることで、仲間意識が芽生える。冗談を言い合う、ふざけ合う、弱みを見せることが重要
❽仕事と家庭の相互作用を良好にする	仕事と家庭の間によい相互作用があるほど、心理的安全性も高まる。ファミリーフレンドリーな制度によって間接的に支援するとよい

まとめ

- ☐ 心理的安全性の醸成においては働く環境も考慮すべき
- ☐ 心理的安全性の高い職場をつくるために組織を変えていく

困っているメンバーを助ける ～①ピアサポートを文化にする～

信頼関係を築き、相手に配慮して互いに支え合う

これまでの多くの研究では、「**ピアサポート**」と心理的安全性に関連があるとされています。ピアサポートとは、**メンバーどうしが支え合う**ことを指します。オランダのアイントホーフェン工科大学のシェーパーズらによれば、メンバー間で褒めたり話を聞いたり、有益な情報を提供したりすることがピアサポートにあたります。

ピアサポートが日常的に行われている職場では、メンバー間に自然と信頼関係が生まれます。そうすると、メンバーは「自分がミスをしても大丈夫」という感覚を得られるのです。

ピアサポートを促進するためには、仕事の状況を可視化することが大切です。たとえば、グループウェアを導入し、各メンバーの仕事の混み具合や緊急度などを把握できるようにすると、互いに声をかけやすくなります。また、一緒に働いているメンバーでも、相手が今「悩んでいる」といった感情には気づきにくいものです。そのため、仕事の状況だけではなく、**感情の状況も共有する**ことが大切です。たとえば、定期的にミーティングを行い、仕事の進捗を確認するとともに、各メンバーの困っていることや悩んでいることを出し合うようにすると、必要とされる支援を共有しやすくなります。ただし、**相手の「余計なお世話」にならないように注意**しましょう。

1人で抱え込むと、支え合う職場はつくれません。問題に直面したら、**自ら助けを求める**ことも必要です。チャットで些細なことでも話せるようにしたり、メンターなどのサポート体制を拡充したりすることで、助けを求めやすい職場をつくっていきましょう。

メンバーどうしが支え合う職場をつくる

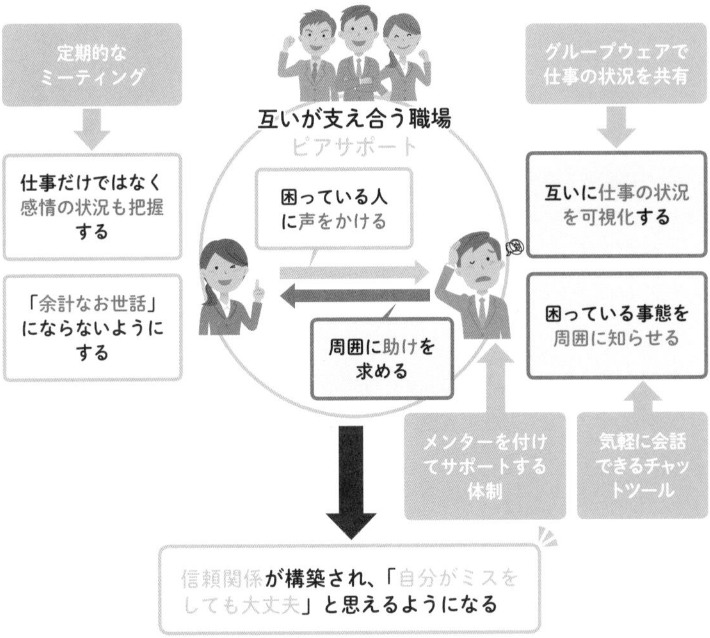

ピアサポートを行う職場をつくるための工夫

- ピアサポートが生産性などに効果があることを周知する
- ピアサポートが機能している職場を見つけ、成功事例として共有する
- SNSやチャットなどのシステムやツールを整備する
- ピアサポートをしたらポイントを付与するなど評価のしくみをつくる
- ピアサポートをしているメンバーを組織全体で表彰する
- 誰に助けてもらったか・誰を助けたかを記録する
- 困っているメンバーを助ける声かけの方法をマニュアル化する
- ピアサポートの方法についてマネージャーが話し合う場を設ける
- ピアサポートの方法について学ぶ研修を導入する　など

まとめ

- □ メンバーどうしが支え合うことが心理的安全性を高める
- □ 仕事や感情の状況をグループウェアやミーティングで共有

コミュニケーションを頻繁にとる ～②アジャイルに進める～

▶状況に柔軟に対応するにはコミュニケーションが不可欠

変化の激しいビジネス環境において、「最初に目標と計画を立て、あとは計画どおりに実行するだけ」という仕事の進め方ではうまくいきません。その時々の**状況をしっかりと把握し、目標や計画、進め方などを柔軟に変えていく**仕事のスタイルが求められます。このようなスタイルは一般に「**アジャイル**」(「機敏な」の意味）と呼ばれます。アジャイルはもともと、対話や協調、変化への対応を重視し、短い期間で試作品をつくり、確認と調整を繰り返しながら完成度を高めていく手法です。主にソフトウェア開発などで用いられますが、最近ではさまざまな分野の仕事に取り入れられています。

アジャイルでは、**メンバーどうしのコミュニケーションが不可欠**です。メンバー間で情報を交換したりアイデアを提案したりすることで、柔軟に方針を変えながら、適切な進め方を模索できるようになるのです。ドイツのケルン大学のヘネルらは、コミュニケーションの頻度が高いことが、心理的安全性を高めることを実証しました。コミュニケーションを頻繁に交わすと、**自分に期待される役割、周囲の能力や性格について理解**が促進されます。また、人は会う頻度が高いほど相手に好意を感じるようになります（**単純接触効果**)。好感をもつ相手にはリラックスして関わることができ、コミュニケーションの頻度が増え、本音や意見を言いやすくなるのです。

心理的安全性を高めるには、メンバー間のコミュニケーションの頻度を上げることが重要です。そのためには、SNSやチャットなど、気軽にやり取りできるツールを導入するとよいでしょう。

変化の激しい環境でのコミュニケーションの重要性

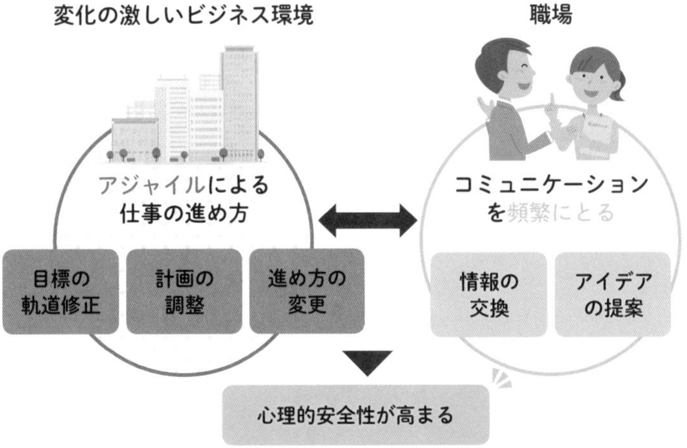

●コミュニケーションを頻繁にとる効果

自分に期待される役割がわかる	周囲の能力や性格などが理解できる	親密になり、意見を言いやすくなる

コミュニケーションの頻度が高い職場をつくる工夫

- 情報を共有しなければ達成できない課題に一緒に取り組む
- SNSやチャットなど、気軽に会話ができるツールを活用する
- 話し合いができるスペースを設ける（カフェテリアなど）
- 世間話など、仕事に直接関係しない会話も推進する
- メンバー全員がオフィスに集う日を設け、互いに近い席に座る
- 短時間・高頻度で会議やミーティングを行う
- 職場で勉強会を実施し、スキルやノウハウを共有する
- 職場で懇親イベントを実施し、関係性を構築する　など

まとめ

- □ 仕事の進め方を柔軟に変えると心理的安全性が高まる
- □ メンバー間で気軽にやり取りできるツールを導入する

メンバーと関わる時間を増やす
～③チーム親近感を高める～

▶一緒に仕事をした経験のある人には意見を言いやすい

心理的安全性には、職場におけるメンバーどうしの親近感が大きく影響します。これに関して、「**チーム親近感**」と呼ばれる研究があります。米ハーバードビジネススクールのハックマンらは、チーム親近感を**一緒に働いた経験のある人がいること**と定義しています。一緒に働いた経験のある人がいるチームでは、いないチームに比べ、メンバーの心理的安全性が高いのです。

チーム親近感が有効なのは、次の３つの変化をもたらすからです。まず、同じメンバーで一緒に働くほど**互いにポジティブな感情を抱き、リスクを恐れなくなります**。次に、仕事を通して互いの行動を学び、「あの人はこう動くだろう」という**予測が立つようになり、意見を言いやすくなります**。そして、一緒に働いた経験のあるメンバー間では、提案したり受け入れたりすることが自然にできます。

逆に初対面のメンバー間では、否定される不安を感じ、意見を言いにくくなり、提案しにくくなるといえます。このことから、異動や新規採用などで新しくチームに入ってきたメンバーには、特に**丁寧なフォロー**が求められます。たとえば、打ち合わせの前に趣味やプライベートの話をするなど、アイスブレイク（緊張をほぐすためのやり取り）を入念に行いましょう。前節で挙げたように、コミュニケーションの頻度を上げると親密になりやすいので、一緒にランチをするなど、関係性を深め合う機会を意識的につくることも有効です。メンバーどうしが関わる時間を増やすことで、ポジティブな感情が醸成され、意見を言いやすくなるのです。

一緒に働いた経験のあるメンバーとの良好な関係

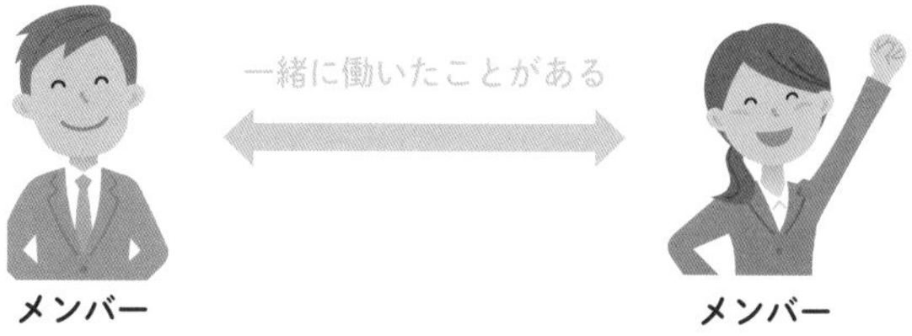

ポジティブな感情を抱き、リスクを恐れない

相手の行動の予測が立ち、意見を言いやすくなる

提案したり受け入れたりしやすい

▼

心理的安全性が高まる

新しいメンバーをフォローする体制

- 新しいメンバーにはフォローが必須という文化を広める
- 仕事を教える流れを体系化（マニュアル化）しておく
- 書類や資料、データなどの保管場所を共有する
- 誰に何を聞けばよいかという観点でメンバーの特徴を整理しておく
- 1カ月ごとに交代でメンバーと一緒に仕事をする機会をつくる
- フィードバックの会議を設定し、メンバーから助言する
- タスクとその成果を細かく確認し、遅延などがないかフォローする
- ランチミーティングや懇親会など、親睦を深めるイベントを開く
- 目標や文化、仕事内容などを共有するオリエンテーションを行う
- 新しい業務を行うために必要なスキルを学ぶ研修を実施する
- メンターを付け、相談相手を用意する　など

まとめ

- □ 一緒に働いた経験のある人がいると、心理的安全性が高い
- □ 新しいメンバーとの交流を積極的に行うことが重要

不機嫌な職場は大敵 ～④集団感情をポジティブにする～

▶職場全体でポジティブな感情を醸成する

私たち個々人に感情があるように、職場や組織などの集団にも感情があります。これを「**集団感情**」と呼びます。米アラバマ大学のフードらの研究により、２種類の集団感情が心理的安全性に影響を及ぼすことがわかっています。

１つは「**集団ポジティブ感情**」です。これは、集団が全体的に明るくエネルギッシュで、楽観的な感情をもっている状態です。もう１つは「**集団ネガティブ感情**」です。これは、好ましくない情報に過剰に反応したり、負の感情を反芻したりする傾向がある状態です。集団ポジティブ感情が高いと、互いの行動を肯定的に受け止められるので、心理的安全性が高まります。逆に、集団ネガティブ感情が高いと、ミスや失敗などを恐れ、心理的安全性が低い状態になります。

また、**感情は周囲に「伝染」する**可能性があることが知られています。そのため、個々人の感情の変化に注意を払ってフォローすることはもちろんですが、集団全体でポジティブな感情を醸成することが求められます。たとえば、マネージャーが率先してポジティブな感情を示せば、メンバーもポジティブな感情を示しやすくなり、職場全体がその感情に包まれるようになります。また、メンバーどうしで個々のメンバーの長所や魅力、努力や成果を褒めたり労ったりすると、ポジティブな感情が生まれやすくなります。逆に、ネガティブな感情を示すメンバーがいたら、即座に反応せず、その背景を理解することに努めましょう。**メンバーの感情に寄り添い**、問題があれば解決していく姿勢を示すことが重要です。

心理的安全性に影響する2種類の集団感情

集団ポジティブ感情
集団が全体的に明るくエネルギッシュで、楽観的な感情をもっている状態

集団ネガティブ感情
好ましくない情報に過剰反応したり、反芻したりする傾向がある状態

感情は周囲に伝染する

互いを肯定的に受け止め、心理的安全性が高まる

ミスや失敗などを恐れ、心理的安全性が低くなる

職場全体への一貫した働きかけが必要

職場全体をポジティブな感情にするしかけ

- 職場全体でメンバーに対する公正な評価を行う
- 個々のメンバーの成長を認め合い、前向きな気持ちにさせる
- 意思決定時にメンバーに意見を求め、貢献の実感を抱いてもらう
- メンバーが快適に過ごせるようなオフィス環境を整備する
- ワークライフバランスを推進し、生活に余裕をもたせる
- 健康増進に取り組み、メンバーの健康な心身を育む
- ストレスマネジメント研修を実施し、感情との向き合い方を教える
- 明るい展望をもてるように、キャリア開発支援を充実させる
- 職場に対する意見を募る窓口をつくり、実際に改善策を検討する
- 趣味などでつながりをつくり、楽しく働ける関係を築く
- 職場全体で参加するイベントを実施し、協同する機会をつくる

まとめ
- □ ポジティブな感情が満ちた集団は心理的安全性が高い
- □ 職場全体でポジティブな感情を示しやすくする

心理的安全性が高いと衝突を生かせる ～⑤タスク・コンフリクトを活用する～

▶本音を言い合える環境では建設的な衝突ができる

近年、「**両利きの経営**」という考え方が話題になっています。これは、企業には**「深化」と「探索」の両立が必要**という考え方です。深化は既存のものを深めること、探索は新しいものを求めることを意味します。これを職場学習に落とし込んだ研究があります。

スペインのEADAビジネススクールのコストポウルスらは、**既存の知識やスキルを精緻化する「深化的学習」**と、**新しい知識やスキルを獲得する「探索的学習」**の２つについて、ICTと医薬品の複数の企業のイノベーションプロジェクトに携わるチームを対象に、心理的安全性との関連を調査しました。結果、心理的安全性が高いチームでは、どちらの学習も促進されることが明らかになりました。

さらに興味深いのは、心理的安全性が「**タスク・コンフリクト**」をよい働きに変えることです。タスク・コンフリクトとは、仕事上で意見や見解などがぶつかることです。通常、タスク・コンフリクトは、チームのパフォーマンスや満足度を下げる働きがあります。しかし、心理的安全性が高い環境では、深化的学習を促すことがわかったのです。本音を言いやすく、さまざまな意見を出せることで、**タスク・コンフリクトが建設的に機能し、学習につながる**ことが実証されました。多様性が進む職場では、価値観の違いなどからタスク・コンフリクトが発生しやすくなります。心理的安全性が高ければ、それがかえってよい結果に結びつく可能性があるのです。ほかの人の意見から、自分の考えを深められたり、新しいアイデアを得られたりするだけではなく、職場の改善につながることもあります。

心理的安全性＋タスク・コンフリクトがよい影響を及ぼす

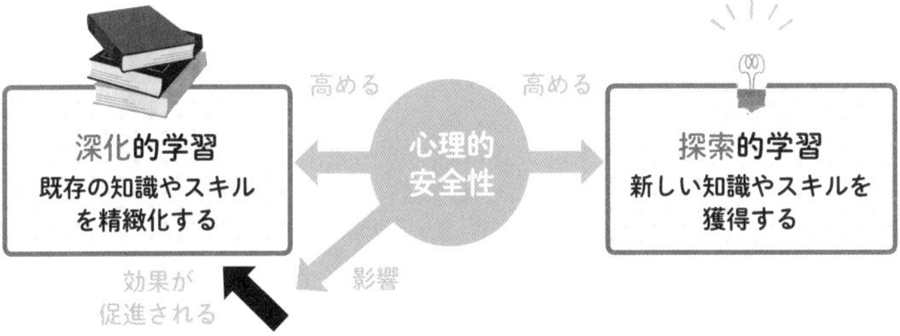

タスク・コンフリクト

職場で仕事に対する意見の相違がある状態

通常、パフォーマンスや満足度を下げるなど、ネガティブな働きがある

心理的安全性が高い場合、深化的学習を促進するなど、ポジティブな働きに変わる

タスク・コンフリクトが深化的学習を促進する理由

さまざまな意見が出ることにより、改善が進む

意見の違いを検証することで、さらに理解を深められる

意見が異なるのは、本音で話せている証拠と考える

自分にない考えを得られ、知識が広がる

まとめ

- □ 心理的安全性が高まれば2つの学習が促進される
- □ 心理的安全性が高いと意見の相違がよい働きに変わる

チームを組んでゲームをする ～⑥ゲームに取り組む～

▶役職や立場を考えずに個人として協力し合う

職場の信頼感を深めるのは仕事をすることだけに限られません。南アフリカのケープタウン大学のパーカーらの研究によると、**ゲームをすること**でも心理的安全性が高まるとされています。

この研究は、病院に勤務するスタッフを対象に実施されました。医師、看護師、その他スタッフらの任意の4人でチームをつくり、一緒にゲームに取り組みました。ゲームは「マシュマロチャレンジ」というものです。スパゲッティ20本、1mの紐とテープを使い、チームで18分以内に、マシュマロ1つを最上部に置いた高い塔をつくることを目指します。すると、ゲームの終了後にはチームのメンバー間の心理的安全性が高まっていることがわかりました。

「ゲーム」が仕事に役立つと聞くと、驚くかもしれません。しかし、ゲームでリーダーシップのスキルを高める研究なども行われており、珍しいものではないのです。

ゲーム参加者は「はじめは緊張したが、終わったあとは和やかに話せた」などと語っています。ゲームにより、**互いの役職や立場を抜きに個人として協力し合えた**ことで、チームワークが高まり、さまざまなことを言い合えるようになったと考えられます。

ゲームのメリットは**コストがあまりかからず、手軽にできる**ことです。ほかにもメンバー間の信頼感を深めるゲームに、たとえば右ページに挙げるものなどもあります。同じ職場でも、仕事で接する機会が少ない人もいるはずです。そのような人とチームワークを高める目的で定期的に実施してみるとよいでしょう。

チームを組んでゲームに取り組む効果

役割や立場を抜きに
個人として協力し合う

▼

心理的安全性が
高まる

低いコストで実施できる	チームで取り組むだけなので手軽	ゲームなので楽しみながら進められる

心理的安全性を高めるゲームの例

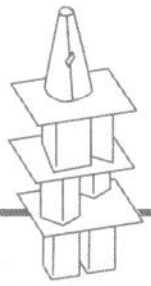

ペーパータワー

紙を何枚か配布し、時間内に紙のタワーをつくる。グループどうしでタワーの高さを競う。

漢字自己紹介

グループになり、自己紹介をする。自分を表す漢字1文字を紙に書き、自己紹介に用いる。

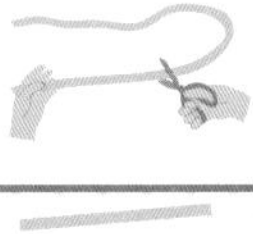

30cm ゲーム

長い紐とはさみを用い、物差しを使わずに30cmに切る。足のサイズなどを尋ねながら行う。

▼

2人以上でコミュニケーションが発生するゲームなら、どんなものでもよい

まとめ

- □ ゲームなど個人で協力する経験が信頼感の醸成につながる
- □ ゲームはコストが低く、最初に取り組むものとして有効

ふざけ合って関係性を深める
～⑦職場で自然に遊ぶ～

▶互いの弱みを見せ合うことで、仲間意識が芽生える

前節でゲームをする効果について説明しましたが、職場における**「遊び」の有効性**は古くから研究されています。似ているようですが、ゲームがあらかじめ決められたルールに沿って行うものであるのに対し、遊びは**楽しさや喜びなどを得ることを目的に自然発生的に起こるもの**を指します。たとえば、冗談を言い合ったり、ふざけ合ったりすることが遊びに含まれます。

フランスのモンペリエ・ビジネススクールのムケルジーらは、ある職場を観察し、遊びが心理的安全性を高めることを確かめました。この研究では、遊びがもつ４つの特徴が挙げられています。

・**誰もが始められる**：部署や役職などに関係なく、誰でも遊びを始められる。

・**遊びが増幅する**：遊びにおける関わりが刺激となり、より深く、長く遊ぶことにつながる。

・**ほかの人も始める**：遊びに参加する人が、部署や役職を超えて増えていく。

・**大げさに振る舞う**：誇張した振る舞いや大きな声、なかには芝居じみた行動をとる人が現れる。

職場で遊びをすることは、本来なら眉をひそめられるはずです。それが職場の心理的安全性を高めるのは、義務的な業務では見られない、愚かで滑稽な行動をとることがあり、結果として**メンバーどうしで弱みを見せ合う**ことになるからです。無防備な遊びに参加すると、仲間意識が芽生え、絆が形成されていくのです。

遊びを促進すると仲間意識が芽生える

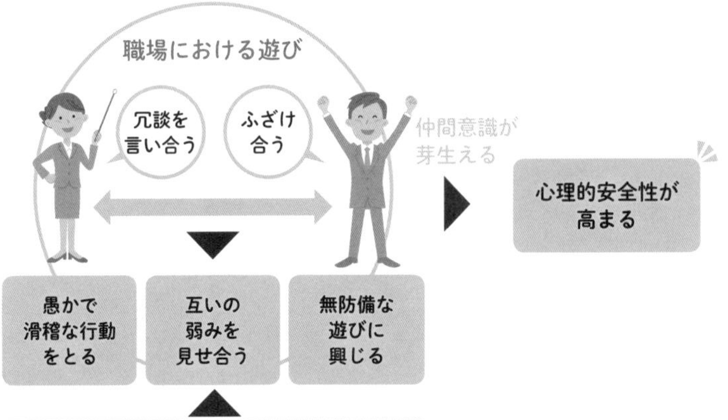

心理的安全性を高める遊びの特徴

・誰もが始められる
・遊びが増幅する
・ほかの人も始める
・大げさに振る舞う

自然に遊びが始まる職場をつくる工夫

- 休憩スペースにソファや遊びのツールを設置する
- おやつを用意し、仕事中につまめるようにする
- 週1回などチームで合わせて休憩をとるようにする
- メンバーどうしがオープンスペースで昼食をとれるようにする
- チャットでは仕事以外の会話も歓迎する
- 服装の規定を堅いものにしすぎない
- 仕事中に環境音楽などを流してみる
- 家族やペットを連れてきてよい日をつくる
- 職場で節分やクリスマスなどの行事を積極的に実施する

まとめ

☐ 心理的安全性を醸成するには仕事に関係ない遊びも大切
☐ 遊びを排除せずに許容することで仲間意識が芽生える

プライベートに配慮する
～⑧仕事と家庭の相互作用を良好にする～

▶家庭やプライベートの状況にも影響を受ける

心理的安全性に対しては、仕事と家庭の間にポジティブな相互作用があればプラス、ネガティブな相互作用があればマイナスの影響を及ぼします。具体的には、インドネシア大学のダウレイらが次の3つの結果を示しています。

・仕事が立て込んでいて家庭でいら立ってしまうなど、**仕事から家庭へのネガティブな影響**があると、心理的安全性が低下する。
・配偶者や家族、友人とのトラブルなどで仕事のモチベーションが高まらないなど、**家庭から仕事へのネガティブな影響**があると、心理的安全性が低下する。
・家事を効率的に進める要領で仕事もはかどるなど、**家庭から仕事へのポジティブな影響**があると、心理的安全性が高まる。

これらの結果を踏まえ、組織がメンバーのプライベートを統制しようとすると問題になります。そこで、**間接的な方法でプライベートを支援する**ようにしましょう。たとえば、短時間勤務制度や、働く場所と時間を選べる制度など、ファミリーフレンドリー制度を導入することが考えられます。

これらの制度は利用されてこそ意味があります。それには、まず周知を徹底し、利用しにくい雰囲気を払拭するため、マネージャーが率先して利用してメンバーに効果を示すなど、よいロールモデルになりましょう。そのほか、打ち合わせで定期的に制度に言及したり、グループウェアなどで利用を推奨する方法もあります。さらに、制度の相談窓口を設置すると、詳細を知りたいメンバーに有益です。

仕事と家庭の相互作用による影響

仕事から家庭へのネガティブな影響

仕事が立て込んでいて家庭でいら立ってしまう など

家庭から仕事へのネガティブな影響

家族や友人とのトラブルで仕事のモチベーションが高まらない など

家庭から仕事へのポジティブな影響

家事を効率的に進める要領で仕事もはかどる など

▼ **心理的安全性が低下する**（仕事から家庭／家庭から仕事へのネガティブな影響）

▼ **心理的安全性が高まる**（家庭から仕事へのポジティブな影響）

▲ **ファミリーフレンドリー制度で支援**

プライベートを支援する制度の例

- 育児や介護に関連する休業制度
- 育児や介護の費用に対する支援
- 育児や介護にまつわる情報提供
- 企業内保育所の設置
- 勤務時間の短縮に関連する制度
- 柔軟な勤務時間の制度（フレックスタイム制など）
- 柔軟な勤務場所の制度（テレワークなど）
- 働く地域を限定するなどの転勤の制限
- 休職者に対する復帰支援

まとめ

- ☐ 仕事と家庭によい相互作用があれば心理的安全性は高まる
- ☐ ファミリーフレンドリー制度などで間接的に支援する

相互理解と関係構築が職場の心理的安全性の基盤

▶コミュニケーションを交わしながら共通の目標に挑む

これまでに、心理的安全性が高まりやすい職場の要素を見てきました。まとめると、主に2つの観点で整理できます。1つは「**相互理解**」を深めること、もう1つは「**関係構築**」を促すことです。

相互理解とは、メンバーの価値観や考え、仕事の状況などを理解し合うことです。そうすれば、「この職場では何を言ってOKか（NGか）」などの対人関係のルールがわかるようになります。その結果、懸念を抱いたことを話したり、職場をよくする行動を選択したりできるようになります。そのための一番の近道は、**コミュニケーションを交わす**ことです。コミュニケーションの頻度を上げ、感情まで含めた多様な情報を交換することで、相互理解は深まります。

関係構築とは、メンバーどうしが親密になることです。親密な相手のほうが対人関係のリスクを受け入れやすくなることは明らかです。「これは言って問題ないだろう」と判断でき、本音で話せることが増えます。関係構築には、**目標の共有**が有効です。同じ目標に向かって一緒に力を尽くすと、メンバーどうしが親しくなります。さらに、目標設定時にメンバーに意見を聞いたり、目につくところに目標を掲示したりすることで、当事者意識も芽生えます。また、高い目標に挑むため、目標達成への進捗を定期的に確認し、メンバー間で問題点や改善点を議論するなど、互いに声をかけ合いながら高い壁を少しずつ乗り越えていくと、自然と絆が深まります。

心理的安全性の高い職場をつくるためには、このような相互理解と関係構築を促すしくみを構築していくとよいでしょう。

心理的安全性を高めやすい職場の2つの観点

相互理解
価値観や考え、仕事の状況などを理解し合う

コミュニケーションの頻度を上げ、感情まで含めたさまざまな情報を交換する

▼

職場で「何を言ってOKか（NGか）」など、対人関係のルールがわかる

▼

懸念に対する意見の表明や、職場をよくする行動の選択が適切にできる

関係構築
職場のメンバーどうしが親密になる

共通の目標を設定し、協力し合いながら目標達成を目指す

▼

メンバー間で声をかけ合いながら、高い壁を少しずつ乗り越えていくと、絆が深まる

▼

「これは言って問題ないだろう」と判断でき、本音で話せることが増える

相互理解や関係構築を促す組織のしくみ

コミュニケーションの頻度を増やす
- 週次や月次など、同じメンバーで定期的に会議を実施する
- チャットなどを使って情報共有のやり取りをしやすくする

職場の目標を共有する
- メンバーどうしで意見を出し合いながら目標を設定する
- 目標達成への進捗を定期的に確認し、問題点や改善点を議論する

チームビルディングに力を入れる
- メンバーが参加したくなる組織のイベントを実施する
- ときには合宿など、オフィスから離れた場所で一緒に過ごす

まとめ
- ☐ 対人関係のルールがわかるように相互理解を促す
- ☐ メンバーどうしで本音を言い合える関係を構築する

全社的な取り組みで心理的安全性を促進させる

▶全社的な取り組みは時間をかけて地道に進めていく

心理的安全性を高めるために、「職場」単位で実行できることは多くあります。それより大きな単位として、**「組織全体」で取り組む必要があること**もあります。それは次の４つです。

❶**手続き的公正**：評価を決めるプロセスを納得しやすいものにすると、予測が立ちやすく、意見を言いやすくなる。

❷**学習文化**：学習文化を根付かせると、失敗やミスは「学習の素材」とみなされ、学習のために意見を言えるようになる。

❸**CSR（企業の社会的責任）**：企業の社会的責任であるCSRを重視する姿勢を示すことで、メンバーが組織に信頼感を抱く。

❹**労使協力関係**：経営者と労働組合が協力関係にあると、組織の問題を適切に解決でき、ポジティブな雰囲気になる。

総じて、**メンバー１人ひとりを大切に扱い、組織全体にポジティブな雰囲気を行き届かせる**ことが、心理的安全性を高めることにつながります。ただし、いずれの要素も、取り組んだからといってすぐに結果が出るものではありません。そのため、短期間での結果を求めることなく、**地道な取り組みが必要不可欠**です。中長期的に取り組みを継続してはじめて成果がもたらされるのです。

これらの中長期的な施策と同時に、比較的短期間で成果が出る施策を並行して実施し、メンバーの信頼を獲得しつつ、水面下で腰を据えて組織全体の取り組みを進めていくとよいでしょう。次節からこの４つの取り組みを順に解説していきます。

組織全体で心理的安全性の促進に取り組む

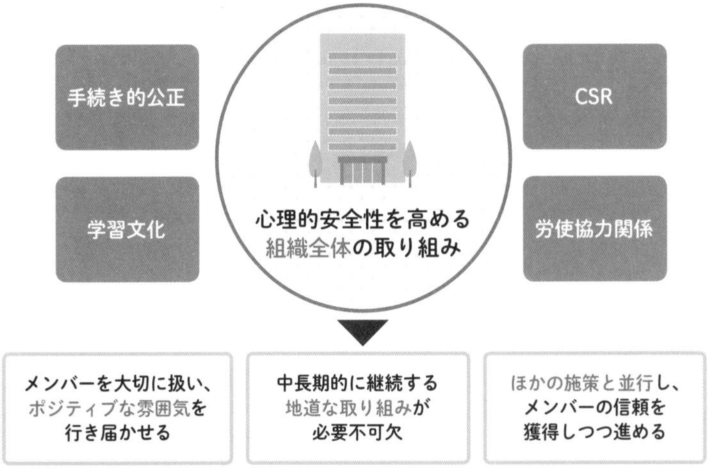

●組織全体で取り組むべき4つの要素

❶手続き的公正	評価のプロセスを公正と感じると、リスクを受け入れやすくなる。公正な評価のもとでは予測が立ちやすく、意見を言いやすくなる。
❷学習文化	組織にメンバーの学習を重視する文化があると、失敗やミスが「学習の素材」とみなされ、リスクを受け入れやすくなる。
❸CSR（企業の社会的責任）	「組織がCSRを推進している」とメンバーが感じると、「組織はメンバーの行動に責任ある対応をするはず」と思え、組織に信頼感を抱きやすい。
❹労使協力関係	経営者と労働組合が協力関係にあると、組織の問題を適切に解決でき、メンバーは「組織から支援されている」と感じて雰囲気がよくなる。

まとめ

- □ 心理的安全性を醸成する組織全体の取り組みもある
- □ 組織全体の取り組みは中長期的に継続して成果を出す

評価のプロセスを納得しやすくする ～①手続き的公正を実現する～

▶評価に納得できれば周囲の反応の予測が立ちやすい

米ジョージア大学のソンは、「**手続き的公正**」が心理的安全性を高めると報告しています。手続き的公正とは、**評価（人事評価）のプロセスを公正と感じる度合い**です。手続き的公正が高い環境は、評価基準が明確で公平に適用されます。そのため、自分が意見を言ったときの周囲の反応が評価の基準に沿って予測でき、周囲もそのとおりに反応するので一貫性があります。そのため、発言のリスクが低くなり、自分の考えを周囲に示しやすくなるのです。

手続き的公正を高めるためには、まず**メンバーが評価のプロセスに関与できる**ようにします。たとえば、評価のプロセスを組織内に公開し、自分の評価に意見を言えるようにするのです。その場合は、メンバーが自分の目標と達成度を定期的に確認し、組織の評価と比較できるようにしておくとよいでしょう。次に、**評価を正確に実施する**ことも重要です。客観的な根拠に基づき、評価を進めなければなりません。たとえば、マネージャーは日頃からメンバーの行動を観察し、記録をつけ、それをもとに評価を行うとよいでしょう。

評価のバイアスが抑制されていることも必要です。評価が「個人の思い込みを減らす設計になっているか」を検討しましょう。たとえば、評価者研修により評価者に自分の評価の偏りを認識させ、評価の際に注意させるのです。最後に、**組織の価値観を評価に反映**させましょう。組織の価値観と評価が乖離していると、メンバーは公正感を抱きません。組織の価値観と評価を照合し、組織の理念などに基づいた評価を設計することが大切です。

納得できる評価で心理的安全性を高める

周囲の反応が評価の基準に沿って予測でき、一貫性がある

▼

自分の考えを周囲に示しやすくなる

▼

心理的安全性が高まる

手続き的公正

評価（人事評価）のプロセスを公正と感じる度合い

●手続き的公正を高める方法

評価に関与できる

- 評価のプロセスを公開し、関与の下地を整える
- 自分の評価に意見を言えるようにする

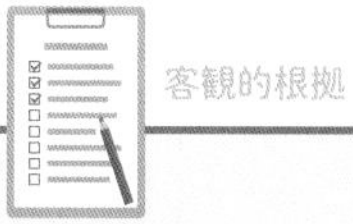

評価を正確に実施

- 客観的な根拠に基づき、評価を進める
- メンバーの行動を記録し、それをもとに評価

バイアスを抑制

- 個人の思い込みを減らす設計になっているか
- 評価者の評価の偏りを認識し、評価で注意する

納得しやすい評価のためのフォローの例

評価のプロセスがわかりやすい

- 図や表などにより新人でも内容を理解できる
- 評価の流れについて説明される場がある

メンバーが評価に意見を言える

- 評価者に一方的に評価されるだけではない
- 自分の意見を聞いてもらえる

評価に対する窓口がある

- 評価に納得できない場合は、そのことを伝えられる窓口が必要

まとめ

- □ 評価のプロセスに納得できると心理的安全性は高まる
- □ メンバーが評価に関与できるようにするとよい

日頃から学習する文化を醸成する ～②学習文化をつくる～

学習文化により「失敗も学習のうち」と捉えられる

心理的安全性は、職場の文化に影響を受けます。前出の米ジョージア大学のソンは、心理的安全性に影響を及ぼす文化として「**学習文化**」を挙げています。学習文化とは、**知識を獲得・創造・共有すること**、そして**知識から行動を修正する**ことを重視する文化を指します。

学習文化が醸成されている職場では、メンバーの意識と行動は、成果を上げることもさることながら、知識を深めることに向けられます。それにより、失敗やミスなども「学習の素材」とみなされ、新たな視点を生み出す意見を言うことも奨励されます。つまり、心理的安全性が高い状態になるのです。組織において成果を出すことが望ましいことはもちろんですが、学習文化をつくるためには、成果が出ていなくても「学習できていれば問題ない」ことを示す必要があります。**成果より大切なのは学習**であることをメンバーに伝えるのです。

たとえば、**振り返りの機会を設け、学習の成果を可視化**することも1つの方法です。いつまでに何をどの程度学ぶかを決め、学習の内容や時間、カリキュラムの進度、テストのスコアなどを確認するとよいでしょう。学習の成果は定期的に評価し、フィードバックします。メンバーが学習で成果を上げていれば、そのことを明確に称賛しましょう。多くの社員の前で称賛すれば、学習を重視していることが伝わります。また、評価する立場のマネージャー自身が、積極的に学習している姿を見せることも有効です。たとえば、「本を読んで新しいマネジメントの考え方を知った」といったことをメンバーと共有しましょう。

学習文化をつくることで失敗を恐れなくなる

学習文化
- 知識を獲得・創造・共有することを重視
- 知識をもとに行動を修正することを重視

▼

- メンバーの意識と行動が学習に向けられる
- 失敗やミスは「学習の素材」とみなす
- 学習のために意見を言うことを奨励

▶ 心理的安全性が高まる

●学習文化をつくる方法

学習が大事なことを示す
- 成果が出ていなくても、「学習できていれば問題ない」ことを示す

学習の成果を可視化
- 時期・進度・スコアを設定する
- 定期的に評価する
- 成果があれば称賛する

学習の姿勢を見せる
- マネージャーが積極的に学習している姿を見せる
- 新たに得た知識をメンバーと共有

学習文化を根付かせる組織の取り組み

- 失敗からの学びを共有し、明確に評価する
- プロジェクトごとの振り返りを徹底する
- メンバーどうしの勉強会の目的で会議室の利用を推進する
- 最新技術など後輩から先輩に教える機会をつくる
- 学習コンテンツを共有フォルダーで共有する
- 外部研修を受けるための費用を助成する
- 決まった額の図書費を毎月支給する
- 社内講師を養成するしくみを整える

まとめ
- □ 学習を重視する文化をつくると心理的安全性が高まる
- □ 成果より学習を重視し、自ら学ぶ姿を周囲に見せる

利害関係者への配慮を宣言する ～③CSR（企業の社会的責任）を推進する～

▶社会的責任を果たすことで信頼感を与える

CSRとは、企業が果たすべき社会的責任のことです。たとえば企業が環境負荷を最小化するために取り組む活動などを指します。パキスタンのセントラルパンジャーブ大学のアフマドらによる研究によると、金融機関における社員へのアンケート調査から、組織がCSRを推進していると社員が実感しているほど、心理的安全性が高まり、社員の創造性が高まることがわかっています。

その理由は、**CSRを推進していれば、組織は責任ある行動をとるはずだ**とメンバーが考えるためです。その結果、たとえ**メンバーがリスクをとっても不本意な罰を与えられることはない**と信じることができ、心理的安全性が高まるのです。

とはいえ、CSRに力を入れていることをメンバーにアピールすればよいかというと、そう単純ではありません。たとえば、CSRの情報を開示した際、組織が実態と乖離した情報を発信しているとメンバーが感じれば、メンバーは不信感をもつことがオーストラリアのマッコリー大学のモーゼスの研究により報告されています。外部に開示する情報が内部の実態と乖離していることを「**開示ー実践ギャップ**」といいます。このギャップは、それを感じたメンバーの仕事に対する満足感を下げたり、離職したい気持ちを高めたりします。特に、実態より誇張した情報を発信した場合に、メンバーは組織に失望します。

組織はさまざまな利害関係者に配慮して活動し、社会的な責任と向き合うことが、本質的に肝要です。そのうえで、実態を誇張せずにメンバーに示すことにより、心理的安全性が高まるのです。

CSRへの取り組みによりメンバーに信頼感を与える

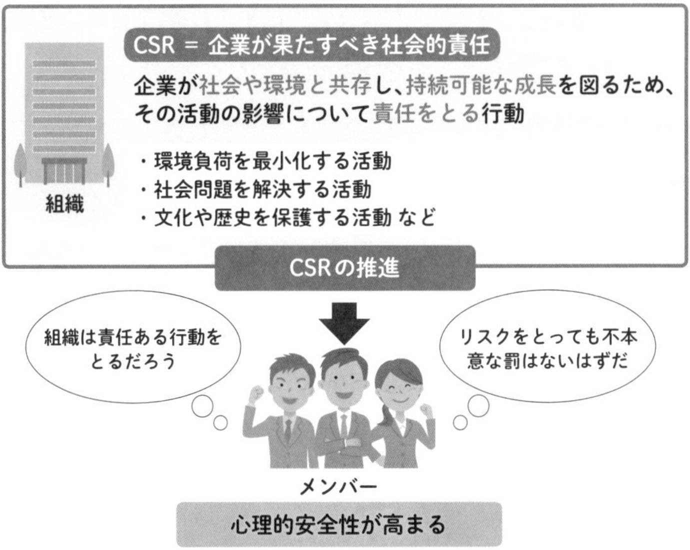

●CSRに取り組む際の注意点

さまざまな利害関係者に配慮して活動する	メンバーへのアピールではなく組織の方針として取り組む

実態と乖離した情報は不信感をもたれる

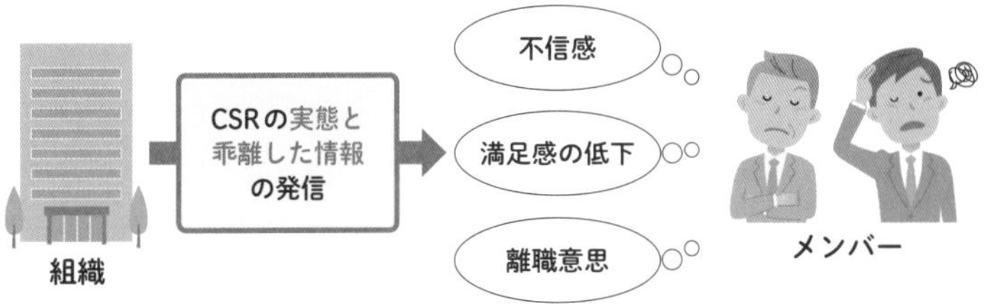

まとめ

- ☐ CSRの推進でメンバーは組織が責任ある判断をすると考える
- ☐ CSRを推進し、その実態を誇張することなくメンバーに示す

経営者と労働組合が協力関係にある
～④労使協力関係を目指す～

▶ 労使の良好な関係がポジティブな雰囲気をもたらす

中国の南京航空航天大学のフーらの研究では、「**労使協力関係**」が築かれているほど、メンバーの心理的安全性が高いことが示されています。労使協力関係とは、**経営者と労働組合の調和の度合い**を意味します。経営者と労働組合が公正にコミュニケーションをしていたり、一緒に問題解決に取り組んでいたりする状態です。

メンバーが「この組織は労使協力関係がよい」と認識していると、職場がポジティブな雰囲気になり、メンバーはパフォーマンスを発揮しやすくなります。また、労使協力関係が良好な職場は、問題を素早く適切に解決でき、メンバーは「**組織から支援されている**」と感じられ、職場の雰囲気が一層よくなります。さらに、経営者と労働組合が協力的であれば、経営者がメンバーの意見を前向きに受け止める可能性が高く、メンバーは組織に対して信頼感を抱きます。

この研究は、メンバーの抱える問題を**労使が一丸となって解決する姿勢を見せる**必要があることを示しています。ただ、異なる利害をもつ両者が協力することは簡単ではありません。そこで、大きな目標を掲げることが効果的です。たとえば、組織が果たすべき使命や存在意義、具体的な行動指針などを端的に表現した**ミッション・ビジョン・バリューを明文化**することも一策です。組織の目指すべき方向性を定め、それを職場に浸透させていけば、両者の利害の前に重視される目標ができます。そうすれば、互いの利害にこだわることなく、手を取り合えるようになります。

労使協力関係がポジティブな雰囲気をつくり出す

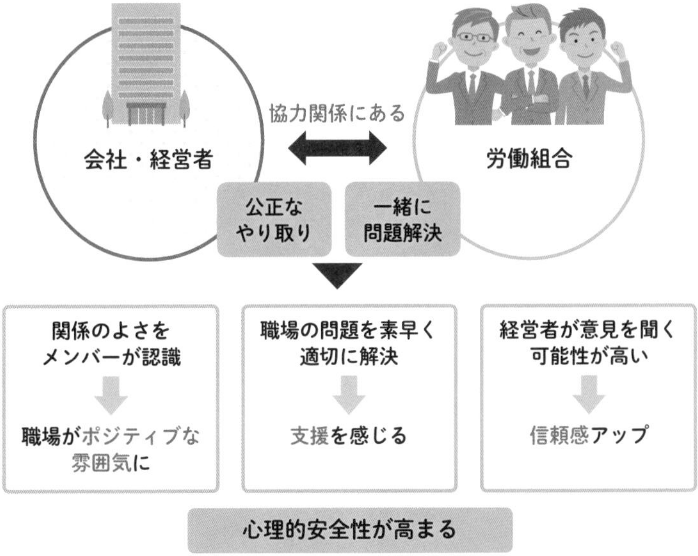

ミッション・ビジョン・バリューを明文化する

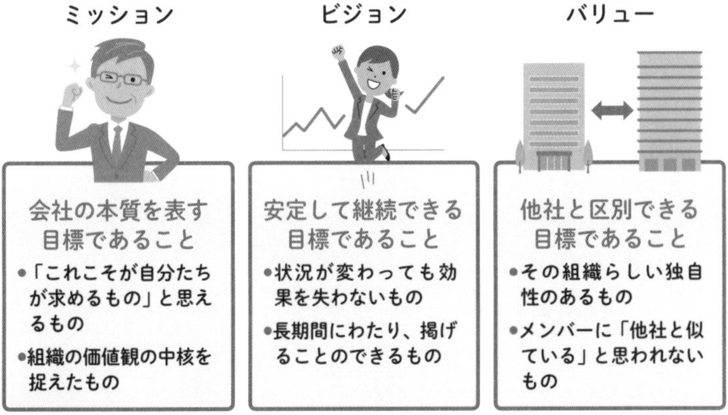

まとめ

- □ 経営者と労働組合が協力的であれば心理的安全性が高まる
- □ 大きな目標を立て、利害を超えた協力関係をつくり出す

Column

コミュニケーションのしくみ化と習慣化

心理的安全性を考えるとき、人と人が関わる以上、やはりコミュニケーションが大きく作用します。互いのもつ情報を交換することで、各人の知識や理解は深まり、メンバーは親密になることができます。すると、心理的安全性を高めるうえで最も大切な要素であるコミュニケーションをどのように活発にさせるかが、組織の考えるべき課題になります。

その答えの1つは、コミュニケーションをする機会を頻繁につくることです。いわば、しくみ化であり、その方法は本文中で紹介しました。ほかにも、1on1ミーティング（1対1でやり取りをする定期面談）を設定する、メンバーどうしで貢献や学びを確認し合う「成長会議」を実施するといった方法があります。

もう1つは、コミュニケーションを習慣化させることです。その行動自体を当たり前のものにするのです。たとえば、「始業時と終業前にメンバーどうしで挨拶をする」といったことから始めてみましょう。次に、「自分の仕事が一段落したら周囲の進捗を確認する」など、マネージャーから頻繁な声かけを行います。それにより、助けられたメンバーは自らもお返しをしたくなり、行動が伝播します。マネージャー自ら率先して行動することで、その行動が組織で次第に習慣になっていきます。

しくみ化と習慣化により、粘り強くコミュニケーションを促していくと、やがてコミュニケーションを交わすことが職場の文化になります。文化として深く根付けば、自然にコミュニケーションができるようになり、職場の心理的安全性が高まりやすくなります。

THE BEGINNER'S GUIDE TO PSYCHOLOGICAL SAFETY

Part 6

プラス面だけではない

心理的安全性を適切に活用する

心理的安全性のマイナス面 ～二重プロセスモデル～

心理的安全性の快適さが意欲低下につながることもある

心理的安全性は、総じて職場によい効果をもたらします。しかし、実は**あまりよくない影響がある**ことも指摘されています。5節で紹介した英マンチェスター大学のデンらは、心理的安全性の影響にプラスとマイナスの2つの側面があることを、アンケート調査と実験を通じて突き止めました。これを「**二重プロセスモデル**」と呼びます。

まず、プラスの影響を及ぼすメカニズムを確認しましょう。心理的安全性が高いと、失敗への恐れが少なくなります。その結果、職場で意見を言ったり学習したりする行動が促進されます。

他方で、マイナスの影響を及ぼすメカニズムが働くと、**メンバーの仕事に対するモチベーションが低くなり、職場で意見を言ったり学習したりする行動が弱まる**のです。デンらは、このような状態を「快適にさぼる」と表現しています。心地よい環境にいることで、メンバーどうしが仕事と関係のないおしゃべりをしたり、仕事を先延ばししたりする可能性は、誰でも想像できるはずです。

心理的安全性が高まったところで、常に仕事に意識が向けられるとは限りません。**メンバーに緊張感がなくなり、働く意欲が低下する**こともあり得ます。心理的安全性を高める施策をとったら必ず、職場やメンバーにどんな影響が出ているかを検証することが大切です。施策の前後で、メンバーを対象に組織サーベイを実施したり、メンバーと面談をしてどんな変化があったかを聞き取ったりするとよいでしょう。

心理的安全性のプラスとマイナスの側面

プラスの影響
失敗への恐れが少なくなる

心理的安全性
「対人関係のリスクをとっても大丈夫」と思える

二重プロセスモデル

マイナスの影響
仕事での緊張感がなくなる

- メンバーの学習を活性化する
- エンゲージメントを促進する
- 仕事のパフォーマンスを高める

- 仕事に対する意欲が低下する
- 発言や学習行動が弱まる
- 雑談が増え、仕事を先延ばしする

どうなったかを検証することが重要

心理的安全性を高めた影響を検証する

組織サーベイの実施
施策の前後で、メンバーを対象にアンケート調査を実施

回答データの検証

プラスの変化
- エンゲージメントの上昇
- 学習行動の増加

マイナスの変化
- モチベーションの低下
- 先延ばしの増加

インタビュー調査の実施
施策のあとにインタビュー調査を実施

高める施策を講じた職場と、講じていない職場を対象に、どんな変化があったかを聞き取る

まとめ	
	□ 心理的安全性にはプラスとマイナスの影響がある
	□ 心理的安全性を高めた結果を検証することが重要

心理的安全性は高すぎると危険 ~個人・組織に起こる2つの問題~

生産性が下がり、チーム間の不和が起こる可能性も

心理的安全性は、際限なく高めればよいかというと、そうではありません。エドモンドソン自身が、**心理的安全性が過度に高いことはリスクがある**と述べています。具体的には次の2つのリスクです。

1つめは対個人のリスクです。前節でデンらが検証したように、職場が快適で居心地がよいと、仕事に無関係の何気ない会話に時間を費します。マネジメントが行き届いていないと、**重要でないことに時間を使い、生産性が下がってしまう**のです。マネージャーはメンバーがチームの目標に向かっているか、横道に逸れていないかを確認しましょう。

2つめは対チームのリスクです。意見を言いやすく活発な雰囲気の職場は、メンバーにとってはよい環境ですが、外部からは羨望や嫉妬の目で見られ、場合によっては「あのチームは調子に乗っている」と傲慢なイメージをもたれるリスクもあります。チーム内でパフォーマンスが高まっても、**チーム間で不和が起こっては組織全体として問題**です。チーム間の交流を深めたり、心理的安全性が特定のチームに閉じないようにしたりする工夫が求められます。それには、たとえば、部門横断的なプロジェクトを立ち上げるなど、**チームを超えたメンバー間の交流**を組織として推奨します。仕事に限らず、趣味やスポーツ、地域活動でもよいでしょう。定期的に新しいメンバーを受け入れる、あるいは外部に送り出すという人事交流も効果的です。結果として、さまざまなチームで心理的安全性が高まり、全体のパフォーマンスが上がることが組織にとって理想的です。

心理的安全性が高すぎる場合のリスク

メンバーの生産性が下がる

仕事と無関係の何気ない会話に時間を費やす

▼

重要でないことに時間を使い、生産性が下がる

↑

目標に向かっているか、横道に逸れていないかを確認

チーム間で不和が起こる

嫉妬の感情を抱かれたり、傲慢なイメージをもたれたりする

▼

組織全体としてのパフォーマンスは高まらない

↑

チーム間の交流を深める、心理的安全性を外部に広げる工夫

心理的安全性が高すぎる場合の対処法

- 何を目指しているかを何度も確認する
- 目標が適切かを確認し、必要なら修正する
- 成果が上がっているかを定期的にチェックする
- 外部との交流が不足していないかを確認する
- 部門横断的なプロジェクトにメンバーを送り込む
- 定期的に新しいメンバーを受け入れる

まとめ

- □ 心理的安全性が高すぎると逆効果になることがある
- □ 心理的安全性の醸成と同時にチーム間の交流も促す

職場の特性や仕事の局面で毒にも薬にもなる

職場や局面によって心理的安全性の影響は異なる

心理的安全性には、メンバーの学習やエンゲージメント、仕事のパフォーマンスなどを高める効果があるとはいえ、**あらゆる職場で等しく機能するわけではありません**。心理的安全性と相性のよい職場もあれば、悪い職場もあるのです。職場との相性を慎重に検討したうえで、心理的安全性を高める施策を講じる場合にも、**悪い影響が強く出ないようにする**ことが求められます。

心理的安全性のプラス面だけではなく、前節で説明したマイナス面を理解しておきます。心理的安全性を高めれば常によい影響があるというわけではなく、高すぎるとメンバーの生産性が下がったり、チーム間に不和が生じたりするリスクもあることに注意しましょう。

職場の特性との相性では、集団主義的な職場ではプラス面が出やすいのですが、個人主義的な職場ではマイナス面が強く出る可能性があります。また、「結果のために手段を選ばない」人が集まる職場では、非倫理的行動をとるリスクが高まります。多様な年齢層からなる職場では、年齢の近い人で派閥を形成するおそれがあります。

仕事の局面との相性では、急いで問題解決をしたいときは、心理的安全性が低いほうが成果につながることがあります。一方、重要な意思決定の局面では、心理的安全性は多様な意見を引き出し、十分な検討のうえでよい結果を導く可能性を高めます。

このように職場の特性と仕事の局面を考慮し、心理的安全性の**よい影響を高め、悪い影響を抑えることの両面を意識**して、施策を検討していきましょう。

職場の特性と仕事の局面によって出る側面が変わる

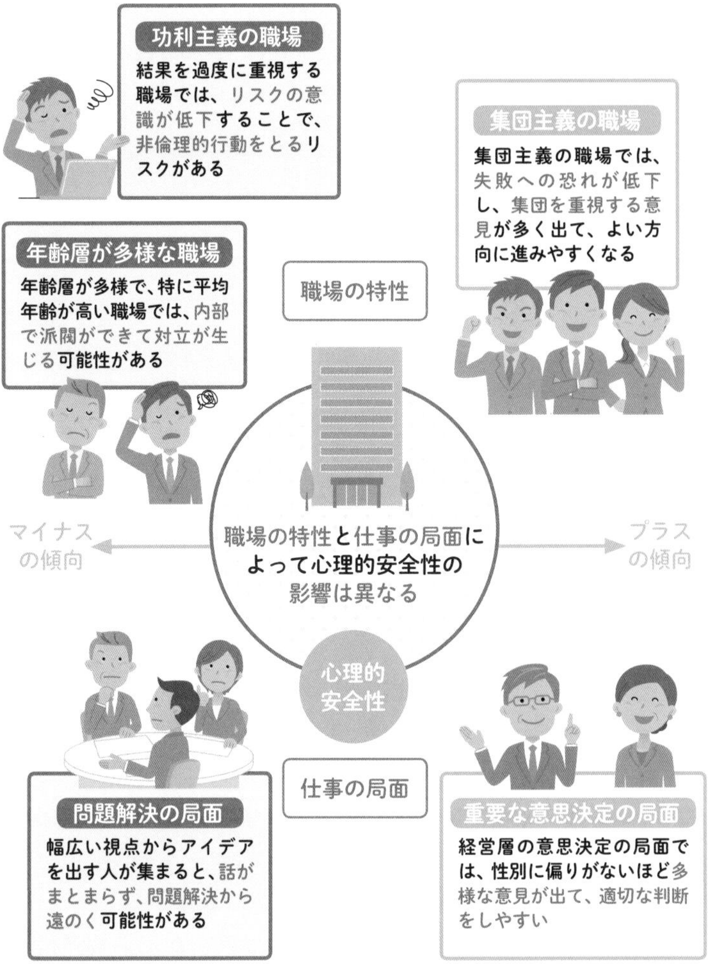

まとめ

- ☐ 心理的安全性が職場にマイナスの影響を及ぼすこともある
- ☐ 職場と仕事を考慮し、よい影響を高めて悪い影響を抑える

集団を優先する職場と相性がよい
～集団主義と個人主義で異なる運用～

集団と個人のどちらのための意見が出されるかが鍵

集団主義の職場と個人主義の職場では、心理的安全性の影響の及ぼし方に違いがあります。個人より集団を優先する集団主義では、協調の価値が高く、**他者と協力する傾向**があります。一方、個人主義では、個人の努力の価値が高く、**他者と競争する傾向**があります。

前出の英マンチェスター大学のデンらによれば、心理的安全性が高まると、集団主義の職場では失敗への恐れが低下し、個人主義の職場ではモチベーションが低下することが確認されています。意見を言うリスクが低い環境で、集団主義の職場においては集団の利益のための多様な意見が出ますが、個人主義の職場においては個人の利益のための意見が増えるようになり、チームのまとまりがなくなってモチベーションが低下します。つまり心理的安全性は、**集団主義の職場と相性がよく、個人主義の職場と相性が悪い**のです。

個人主義の職場とは、完全歩合制の営業職や、独力で完結するエンジニアなど、個人の業績を重視する職場が該当します。日本にはまだ少ないジョブ型雇用の企業に見られ、逆にメンバーシップ型雇用では集団主義になりやすい傾向があります。そのため、現状の日本の企業は、心理的安全性と相性がよいのです（P.16参照）。

個人主義の職場では、**組織の目標や価値観などをメンバー間で共有**することが大切です。そうすると、心理的安全性を高めても、目標などに沿った意見を導き出せるようになります。たとえば、ジョブ型雇用の企業でも、個人と組織の価値観が一致すれば、メンバーは共有した目標に向かって努力できます。

集団主義と個人主義の影響の違い

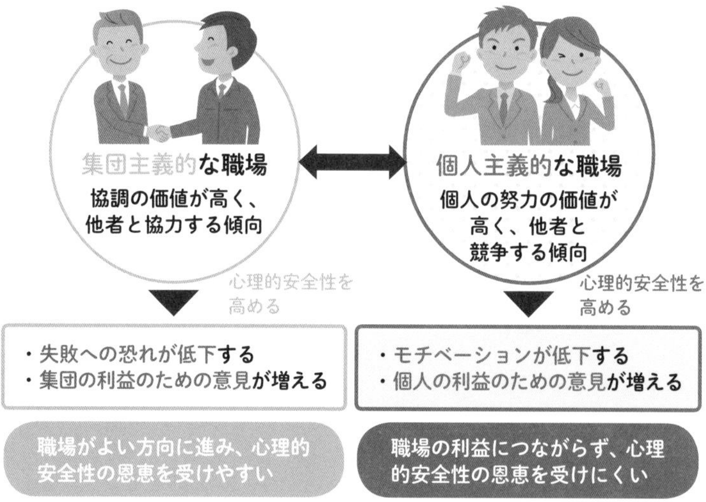

個人主義の職場での心理的安全性の高め方

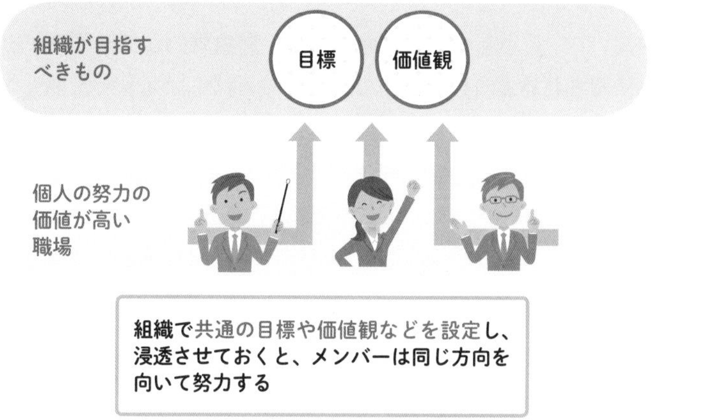

まとめ

□ 集団主義の職場では集団を重視する意見が多く出される
□ 個人主義の職場ではまず目標や価値観を共有する

結果を重視しすぎる職場には逆効果 ～功利主義の暴走を避ける～

非倫理的なアイデアを出す可能性が上がる

心理的安全性と相性のよくない職場の１つは、「**功利主義**」のメンバーが多い職場です。功利主義の人は、結果として得られる利益を重視し、効率のいい機会を活用したり、コストパフォーマンスで判断したりします。そのため、利益追求やパフォーマンス向上などの目的で、非倫理的行動をとりやすくなります。

米メリーランド大学のピアソールらの研究によると、功利主義のメンバーで構成される集団では、**心理的安全性が高いほど非倫理的行動をとるようになる**ことが実証されています。多くの集団には、「ずるはしない」という規範が暗黙のうちにあるため、非倫理的なアイデアを出すことは提案者にとってリスクがあります。ただし、心理的安全性が高いと、**こうしたリスクが低下し、非倫理的なアイデアが出され、承認されるようになる**のです。たとえば、徹底した成果主義の組織では、功利主義のメンバーが活躍しやすくなります。そうした組織は、むしろ心理的安全性を高めすぎないことが組織にとってはよいのです。

こうした研究からは、心理的安全性には**集団が本来もつ特性を引き出す働き**があるという解釈もできます。心理的安全性を高める前に、まず組織を構成するメンバーの特性を理解しましょう。心理的安全性が高まると、その特性が強まると考えれば、組織に与える影響をイメージできます。そのうえで、心理的安全性を高めるべきか、マイナスの影響をどう抑えるかなどを検討しましょう。

非倫理的行動を促進するリスク

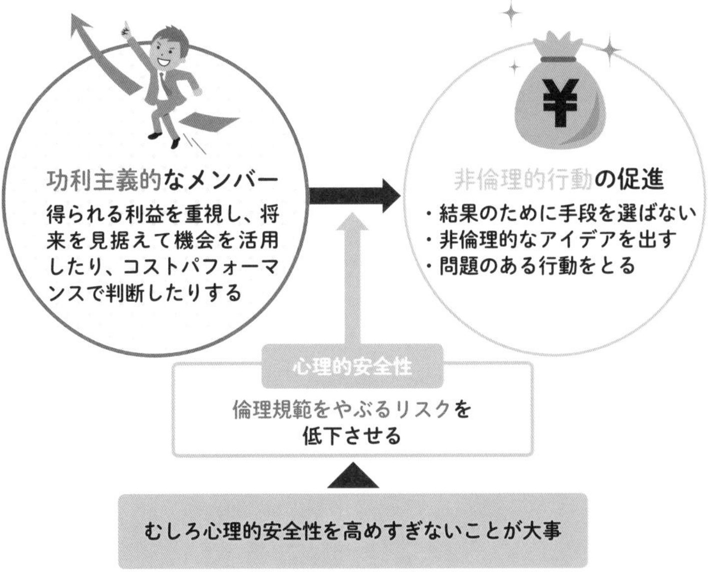

心理的安全性が集団本来の特性を強める例

集団	起こりうること
自分を大切にする集団	メンバーが好き勝手に行動するようになる
仕事の意欲が低い集団	メンバーが仕事から逃避したり、先延ばしをしたりするようになる
偏見をもっている集団	特定の偏見がメンバー間で共有され、助長される
働くことを美徳と捉える集団	仕事に没頭しすぎて過労に陥る可能性がある

まとめ

- ☐ 結果のために手段を選ばない傾向を強める可能性がある
- ☐ 心理的安全性は職場が本来もつ特性を引き出す働きがある

問題解決が必要な局面では非効率
～認知的柔軟性が高い集団は収束しない～

▶アイデアが問題解決から逸れるリスクがある

心理的安全性が高いほど、メンバーは気軽に意見を言えるようになります。ただし、その意見がすべて問題解決につながるわけではありません。中国の嶺南大学のオウらが、中国のハイテク企業の研究開発部門の社員を対象に「**認知的柔軟性**」が問題解決に与える影響を調べた研究があります。認知的柔軟性とは、**幅広い視点からアイデアを考える性質**を意味します。こうした人の性質が、問題の特定、情報の収集、解決策の提示などにどう貢献するかを検証しました。結果として、認知的柔軟性が高い人ほど、問題解決に成果を出しやすいことがわかりました。

さらに、その両者の関係に心理的安全性がどう影響を及ぼすかを調べたところ、**心理的安全性が高まると、両者の関係は弱まる**ことが明らかになりました。わかりやすくいえば、さまざまなアイデアを出せる人に「何を言ってもOK」という環境が掛け合わされると、問題解決につながらないアイデアの入り込む余地が広がります。認知的柔軟性の高い人にとっては、リスクを感じる状態、つまり心理的安全性が低いほうが、問題解決に結びつく可能性があるのです。

しかし、問題解決に結びつかなかったアイデアがイノベーションの種になることもあります。意見の多様性を保障することで、直接の問題解決にはつながらなくても、遠回りに見えて成果に結びつく可能性もあるのです。短期的な問題解決のためか、持続的な発展のためか、組織は**心理的安全性に期待する成果を改めて認識**し、環境を整えていく必要があります。

問題解決のためのアイデアに対する影響

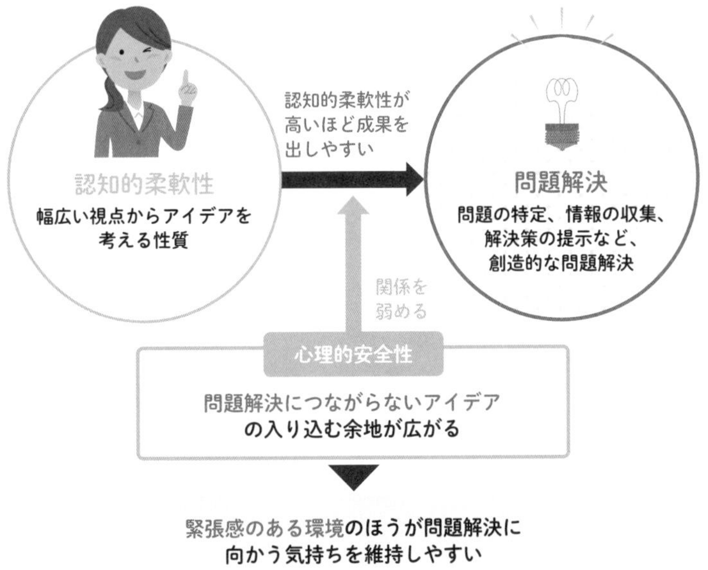

心理的安全性が高い環境で問題解決のアイデアを出す方法

- 「30分以内」など解決策を出す時間を限定する
- 一定時間ごとにそれまでの意見をまとめる
- アイデアを出す時間とまとめる時間を分ける
- 話題から逸れたときに戻す合言葉を決めておく
- ファシリテーターをつけ、議論を導いてもらう
- 議論を始めるときに、最低限、到達すべきゴールを共有する
- 議論の目的を参加者の目に触れるところに掲げる
- 何を話し合っているかをホワイトボードで可視化する
- 認知的柔軟性が低い人を議論に加える

まとめ

- ☐ 多様な視点で考える人は心理的安全性が高いと脱線しがち
- ☐ 問題解決かイノベーションか、期待する成果を検討する

多様な年齢層の職場は要注意 ～年齢ダイバーシティが派閥を形成～

▶ダイバーシティの副作用が心理的安全性を低下させる

「**年齢ダイバーシティ**」という考え方があります。ダイバーシティ（多様性）は属性内のばらつきを指し、すなわち年齢がばらついていることを意味します。最新の研究によれば、**年齢ダイバーシティが高い職場は心理的安全性と相性がよくない**ことがわかっています。

とりわけ平均年齢が高く、年齢ダイバーシティが高い職場ほど、心理的安全性が低いことが確認されました。米イリノイ大学のジョーシらは、ダイバーシティには負の側面があることを指摘し、それが心理的安全性に悪影響を及ぼしているのではないかと考えています。つまり、次のような仮説です。

人間は自分と類似性のある人と集団を形成しようとします。ダイバーシティの高い集団では、その内部で類似性のある人が集まり、派閥ができていきます。そして、**派閥どうしの対立がメンバーの感じるリスクを高める**のです。

このリスクを打ち消すためには、「**ダイバーシティ信念**」が鍵となります。ダイバーシティ信念とは「多様性があると成果が上がる」と信じることです。オランダのアムステルダム大学のホーマンらが大学生を対象に行った実験で、砂漠で生き残るアイテムを数多く出す課題に取り組ませた結果、ダイバーシティ信念をもつグループのほうが、そうでないグループより高いパフォーマンスを示したことがわかっています。「**さまざまな年齢の人たちと働くことが高いパフォーマンスにつながる**」という信念を広げていくことが重要です。

年齢ダイバーシティによりリスクが高まる

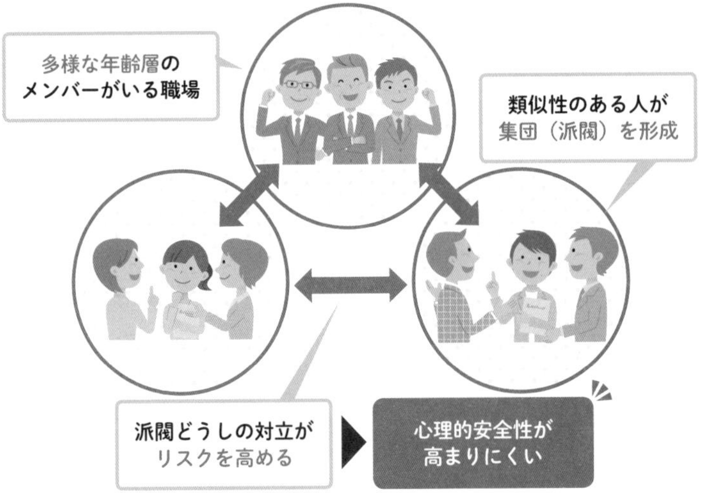

ダイバーシティ信念により心理的安全性を高める

ダイバーシティ信念

「多様性があると
成果が上がる」と信じる

- 派閥の対立によるリスクが低下
- 多様性の効果を信じて意見を言いやすくなる
- 異なる年齢層の意見も受け入れやすくなる

心理的安全性が高まる

ダイバーシティ信念の醸成

- マネージャーがダイバーシティの意義を繰り返し伝える
- ダイバーシティにより成功している職場の例を示す
- 多様な経験や考え方を活用できるなど、うまくいく理由を説明する
- ダイバーシティが高い職場で小さな成果を出す

まとめ

- □ 多様な年齢層の職場では派閥が生まれてリスクが高まる
- □「多様性があると成果が上がる」という信念が大事

意思決定の局面では多様性が好影響 ～ジェンダーダイバーシティがプラスに働く～

▶性別の多様性がさまざまな意見を生み出す

前節では心理的安全性を下げる「年齢ダイバーシティ」の影響を説明しましたが、ダイバーシティが常に心理的安全性を下げるわけではありません。中国の香港城市大学のタンらが行った、中国のハイテク企業を対象にした研究で、経営層では「**ジェンダーダイバーシティ**（性別の多様性）」が高いほど、心理的安全性が高まることがわかっています。

ポイントは**経営層の役割が意思決定にある**ということです。経営層には、経営方針の決定や新規事業の立ち上げ、既存業務の改善・中止など、さまざまな局面で適切な意思決定が求められます。このとき、経営層はあらゆる意見を検討して判断しようと考え、異なる視点をもつ人の意見を求めます。そこでは、性別にとらわれない多様な意見が尊重されるため、発言のリスクが低下して心理的安全性が高まるのです。つまり、**何らかの判断を下す局面では、ダイバーシティは心理的安全性に有効に働きます**。

このほか、ダイバーシティが有効に機能するのは、新奇性の高いアイデアが求められる局面です。そうした局面では、人と異なるアイデアを出すことが求められます。どんなアイデアでも、とにかく出すことが歓迎されるため、発言のリスクが低下します。そこで、多様な知識や考え方、経験、立場からの発想により、さまざまなアイデアが出てくると、さらに心理的安全性が高まります。反対に、集団の合意をとったり妥協案を出したりする局面では、まとめるのが困難になり、高い心理的安全性はマイナスに働きます。

ジェンダーダイバーシティが意思決定に及ぼす影響

経営層による意思決定の議論

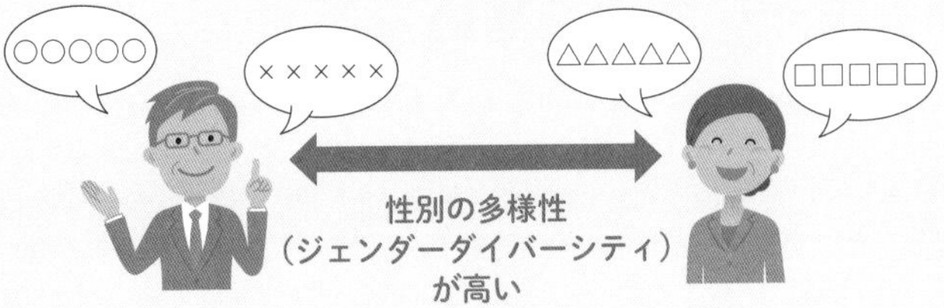

性別の多様性により多様な意見が出される → 多様な意見に安心感を覚え、心理的安全性が高まる

心理的安全性が高い状況でのダイバーシティの影響

●プラスの影響をもたらす局面

局面	影響
何らかの判断を下す必要がある局面	多様な視点から議論できるようになる
新奇性の高いアイデアが求められる局面	異なる知識や経験、価値観の意見が生きる
多量のアイデアが求められる局面	さまざまな立場から意見がどんどん出る

●マイナスの影響をもたらす局面

局面	影響
集団の合意をとらなければならない局面	派閥に分かれて対立が起こりやすい
異なる利害関係のなかで妥協案を出す局面	さまざまな意見が出てまとまらない
交渉により相手の納得を得る局面	さまざまな観点で反論が出る可能性がある

まとめ

- □ 経営層における性別の多様性は心理的安全性を高める
- □ ダイバーシティは局面によりプラスにもマイナスにも働く

フィードバックで自信を強化する
～効力感が発言力を高める～

意見を引き出すだけではなく役に立つようにする

メンバーが**声を上げる**ことは、変化の激しいビジネス環境で組織を維持するために必要です。ここでいう「声」とは、**組織をよくするためにアイデアや懸念などを言う**ことを指します。メンバーが声を上げれば、組織は問題に気づき、解決に乗り出すことができます。ここまで心理的安全性を高める方法を紹介してきたのはそのためです。

さらに、メンバーが声を上げるためには「**効力感**」が重要なことを、エドモンドソンは指摘しています。効力感とは、メンバーが声を上げたとき、それを「適切に取り扱ってくれる」または「成果に結びつけてくれる」とメンバー自身が信じられることを意味します。**自分の声が役に立つと思える「自信」**ともいえます。自分の意見に価値があると思わないと、言おうとしないのは当然のことです。

心理的安全性と併せて効力感を高めれば、さらに声を上げやすい環境をつくり出せるでしょう。「リスクをとっても大丈夫」と思える環境にするだけではなく、**「リスクをとるとうまくいく」と信じられるような結果を提供**するのです。仮にメンバーの声が成果に直接つながっていないように見えても、成果を出す過程でその声が生きたことをメンバーに伝えます。そうすることで、「声を上げると成果につながる」とメンバーは認識していきます。誰かが声を上げたとき、周囲はその声が成果につながったと伝えることの積み重ねが、発言しやすい環境をつくるのです。アイデアや意見を出しやすく、学習や改善が行われやすい組織にするには、適切にフィードバックをして組織文化を醸成していくことが重要です。

心理的安全性と効力感を高めて組織文化を醸成

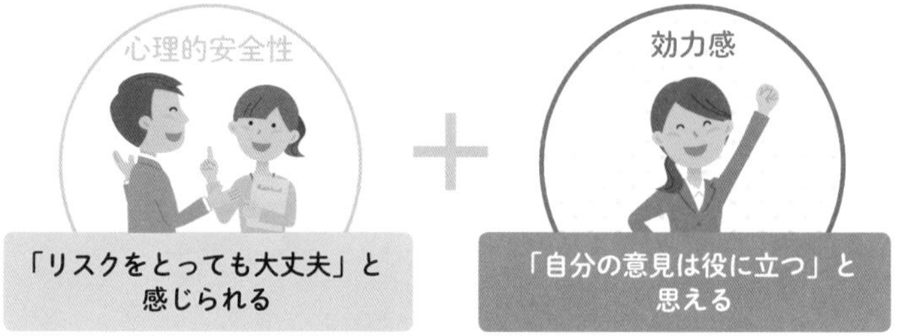

●フィードバックをして効力感を高める

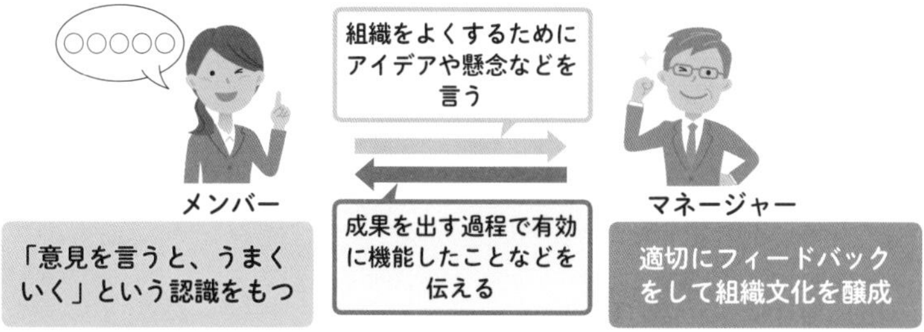

効力感を高めるフィードバックのステップ

メンバーから意見が出たら……

- 意見を出してもらったことにお礼を言う
- どんな意味で有益な意見かを伝える
- その意見を生かすとどうなるかを考える
- その意見を実際に仕事に生かしてみる
- 意見を仕事に生かした結果、どうなったかを伝える
  - ・よい結果が出た場合：多くの人の前で評価する
  - ・悪い結果が出た場合：教訓と併せて伝える

▼

上記のフィードバックは、意見の質を問わずに必ず行う
「それはうまくいかない」と頭ごなしに否定しない

まとめ

- □ 自分の意見が役に立つという自信を培うことも必要
- □ メンバーの意見を周囲が役立たせてフィードバックする

参考文献

■Part1

001

①Edmondson, A. (1999). Psychological safety and learning behavior in work teams. Administrative Science Quarterly, 44, 350-383.

・リクルートマネジメントソリューションズ(2018)「職場での『心理的安全性』に関する実態調査」

002

・前掲001①

003

・前掲001①

005

①Taras, V., Steel, P., and Kirkman, B. L. (2012). Improving national cultural indices using a longitudinal meta-analysis of Hofstede's dimensions. Journal of World Business, 47(3). 329-341.

②Frazier, M. L., Fainshmidt, S., Klinger, R. L., Pezeshkan, A., and Vracheva, V. (2017). Psychological safety: A meta-analytic review and extension. Personnel Psychology, 70(1), 113-165.

③Deng, H., Leung, K., Lam, Catherine K., and Huang, X. (2019). Slacking off in comfort: A dual-pathway model for psychological safety climate. Journal of Management, 45(3), 1114-1144.

006

・前掲005①

・前掲005②

007

・Baer, M. (2012). Putting creativity to work: The implementation of creativity ideas in organizations. Academy of Management Journal, 55(5), 1102-1119.

・前掲005②

008

・Edmondson, A. C. (2002). Managing the risk of learning: Psychological safety in work teams. Cambridge, MA: Division of Research, Harvard Business School.

・Erez, M., and Zidon, I. (1984). Effect of goal acceptance on the relationship of goal difficulty to performance. Journal of applied psychology, 69(1), 69-78.

009

・闫嘉妮・马君（2021）「千金买骨的情怀：平庸同伴的存在对个体创造力的影响：心理安全与组织态度的联合作用」『管理工程学报』第35巻5号、1-12頁。

■Part2

010

・Sherf, E. N., Parke, M. R., and Isaakyan, S. (2021). Distinguishing voice and silence at work: Unique relationships with perceived impact, psychological safety, and burnout. Academy of Management Journal, 64(1), 114-148.

012

・前掲005②

・Argyris, C. (1982). Reasoning, Learning and Action: Individual and Organizational. San Francisco, CA: Jossey-Bass.

013

・前掲005②

014

・前掲005②

015

・前掲005②

・Podsakoff, N. P., Whiting, S. W., Podsakoff, P. M., and Blume, B. D. (2009). Individual-and organizational-level consequences of organizational citizenship behaviors: A meta-analysis. Journal of Applied Psychology, 94(1), 122-141.

・Katz, D., and Kahn, R.L. (1966). The social psychology of organizations. Wiley.

016

・Woodman, R. W., Sawyer, J. E., and Griffin, R. W. (1993). Toward a theory of organizational creativity. Academy of Management Review, 18, 293-321.

・Torrance, E. P. (1962). Non-test ways of identifying the creatively gifted. Gifted Child Quarterly, 6(3), 71-75.

・前掲005②

・Castro, D. R., Lloyd, K. J., Anseel, F., Kluger, A. N., and Turjeman-Levi, Y. (2018). Mere listening effect on creativity and the mediating role of psychological safety. Psychology of Aesthetics, Creativity, and the Arts, 12(3), 304-318.

017

・Schaufeli, W. and Bakker, A. (2004). UWES Utrecht Work Engagement Scale Preliminary Manual. Occupational Health Psychology Unit Utrecht University, Utrecht.

・Rich, B. L., Lepine, J. A., and Crawford, E. R. (2010). Job engagement: Antecedents and effects on job performance. Academy of Management Journal, 53, 617-635.

・前掲005②

・Halbesleben, J. R., and Wheeler, A. R. (2008). The relative roles of engagement and embeddedness in predicting job performance and intention to leave. Work & Stress, 22(3), 242-256.

018

・前掲005②

・Ironson, G. H., Smith, P. C., Brannick, M. T., Gibson, W. M., and Paul, K. B. (1989). Construction of a job in general scale: A

comparison of global, composite, and specific measures. Journal of Applied Psychology, 74(2), 193-200.
- Hoppock, R. (1935). Job Satisfaction. New York: Arno Press, A New York Times Company.
- Vroom, V. H. (1964). Work and Motivation. John Wiley & Sons, Inc.
- Organ, D. W. (1997). Organizational citizenship behavior: It's construct clean-up time. Human Performance, 10(2), 85-97.

019
- 屠兴勇・张怡萍・刘雷洁・江静（2022）「心理安全感如何提升员工创造性问题解决能力：被调节的中介作用模型检验」『管理评论』第34巻8号、168-179頁。

020
- Andersson, M., Moen, O., and Brett, P. O. (2020). The organizational climate for psychological safety: Associations with SMEs' innovation capabilities and innovation performance. Journal of Engineering and Technology Management, 55, 101554.

021
- Wang, Y. M., Ahmad, W., Arshad, M., Yin, H. L., Ahmed, B., and Ali, Z. (2021). Impact of coordination, psychological safety, and job security on employees' performance: The moderating role of coercive pressure. Sustainability, 13(6), 3175.
- DiMaggio, P. J. and Powell, W. W. (1983). The iron cage revisited: Institutional isomorphism and collective rationality in organizational fields. American Sociological Review, 48, 147-160.

022
- Baltes, B. B., Dickson, M. W., Sherman, M. P., Bauer, C. C., and LaGanke, J. S. (2002). Computer-mediated communication and group decision making: A meta-analysis. Organization Behavior and Human Decision Processes, 87, 156-179.
- 杉谷陽子（2008）「インターネット上の口コミの有効性：情報の解釈と記憶における非言語的手がかりの効果」『産業・組織心理学研究』第22巻1号、39-50頁
- Park, W. (2019). The mediating role of knowledge sharing and team learning on the relationship between trust, psychological safety, and virtual team effectiveness in the Korean research institutional context. The Pennsylvania State University The Graduate School College of Education.
- Bos, N., Olson, J., Gergle, D., Olson, G., and Wright, Z. (2002). Effects of four computer-mediated communications channels on trust development, Proceedings of the SIGCHI conference on Human factors in computing systems Changing our world, changing ourselves, CHI '02, 135-140.

Part3

024
- 前掲005②
- Nembhard, I. M., and Edmondson, A. C. (2006). Making it safe: The effects of leader inclusiveness and professional status on psychological safety and improvement efforts in health care teams. Journal of Organizational Behavior, 27(7), 941-966.

025
- 前掲005②
- Yukl, G. (1999). An evaluative essay on current conceptions of effective leadership. European Journal of Work and Organizational Psychology, 8(1), 33-48.

026
- Kim, J. E. (2021). Paradoxical leadership and proactive work behavior: The role of psychological safety in the hotel industry. The Journal of Asian Finance, Economics and Business, 8(5), 167-178.
- Zhang, Y., Waldman, D. A., Han, Y.-L., and Li, X.-B. (2015). Paradoxical leader behaviors in people management: Antecedents and consequences. Academy of Management Journal, 58(2), 538-566.

027
- Greenleaf, R. K. (1970). The Servant as a Leader. Indianapolis, IN: Greenleaf Center.
- 前掲005②
- Barbuto Jr, J. E., and Wheeler, D. W. (2006). Scale development and construct clarification of servant leadership. Group & organization management, 31(3), 300-326.

028
- 刘美玉・王季（2020）「谦逊领导如何影响员工创造力：员工归因和心理安全的双重视角」『经济管理』第3巻、102-116頁。

029
- 前掲005②
- Graen, G. B. and Uhl-Bien, M. (1995). Relationship-based approach to leadership: Development of leadermember exchange (LMX) theory of leadership over 25 years: Applying a multi-level multi-domain perspective. The Leadership Quarterly, 6(2), 219-247.
- Rousseau, D., and Parks, J. M. (1993). The contracts of individuals and organizations. In B. Staw and L. Cummings (eds.), Research in Organizational Behavior 15. Greenwich, CT: JAI.

030
・Song, Y., Peng, P., and Yu, G. (2020). I would speak up to live up to your trust: The role of psychological safety and regulatory focus. Frontiers in Psychology, 10, Article 2966.

031
・De Leersnyder, J., Gundemir, S., and Agirdag, O. (2022). Diversity approaches matter in international classrooms: how a multicultural approach buffers against cultural misunderstandings and encourages inclusion and psychological safety. Studies in Higher Education, 47(9), 1903-1920.

032
・王忠诚・杨建锋（2018）「伦理型领导、心理安全与员工创新行为的关系研究」『东岳论丛』第8卷、118-125頁。

033
・容琰・隋杨・江静（2022）「领导权力和地位对下属建言的影响：心理安全感的作用」『心理学报』第54卷5号、549-565頁。

034
・Nisbett, R. E., and Borgida, E. (1975). Attribution and the psychology of prediction. Journal of Personality and Social Psychology, 32, 932-943.

■ **Part4**

036
・前掲005②

037
・前掲005②

038
・前掲005②
・Tubre, T. C., and Collins, J. M. (2000). Jackson and Schuler (1985). Revisited: A meta-analysis of the relationships between role ambiguity, role conflict, and job performance. Journal of Management, 26(1), 155-169.

039
・Bass, B. M. (1990). Bass and Stogdill's handbook of leadership (3rd ed.), New York: Free Press.
・Han., S. (2014). Goal Orientation and Leaders Empowering Behavior: Mediating Effect of Trust. Seoul National University, Theses.
・Bell, R. L. and Bodie, N. D. (2012). Delegation, authority and responsibility: Removing the rhetorical obstructions in the way of an old paradigm. Journal of Leadership, Accountability and Ethics, 9(2), 94-108.

041
・前掲005②
②Detert, J. R., and Burris, E. R. (2007). Leadership behavior and employee voice: Is the door really open? Academy of Management Journal, 50(4), 869-884.

042
・前掲005②
・Weiss, M., and Zacher, H. (2022). Why and when does voice lead to increased job engagement? The role of perceived voice appreciation and emotional stability. Journal of Vocational Behavior, 132, 103662.

043
・前掲005②
・Dweck, C. S., and Elliott, E. S. (1983). Achievement motivation. In P. H. Mussen (Gen. Ed.), and E. M. Hetherington (Ed.), Handbook of Child Psychology (Vol. 4). New York Wiley.
・Church, M. A., Elliot, A. J., and Gable, S. L. (2001). Perceptions of classroom environment, achievement goals, and achievement outcomes. Journal of Educational Psychology, 93(1), 43-54.

044
・Zhang, Y., Fang, Y., Wei, K. K., and Chen, H. (2010). Exploring the role of psychological safety in promoting the intention to continue sharing knowledge in virtual communities. International Journal of Information Management, 30(5), 425-436.

■ **Part5**

046
・前掲005②
・Schepers, J., de Jong, A., Wetzels, M., and de Ruyter, K. (2008). Psychological safety and social support in groupware adoption: A multi-level assessment in education. Computers & Education, 51(2), 757-775.
・前掲001①

047
・Hennel, P., and Rosenkranz, C. (2021). Investigating the "Socio" in Socio-technical development: The case for psychological safety in agile information systems development. Project Management Journal, 52(1), 11-30.

048
・Huckman, R. S., Staats, B. R., and Upton, D. M. (2009). Team familiarity, role experience, and performance: Evidence from Indian software services. Management Science, 55(1), 85-100.

049
・Hood, A. C., Bachrach, D. G., Zivnuska, S., and Bendoly, E. (2016). Mediating effects of psychological safety in the relationship between team affectivity and transactive memory systems. Journal of Organizational Behavior, 37(3), 416-435.

050
・Kostopoulos, K. C., and Bozionelos, N. (2011). Team exploratory and exploitative learning: Psychological safety, task conflict, and team performance. Group & Organization Management, 36(3), 385-415.

・Jehn, K. A. (1997). A qualitative analysis of conflict types and dimensions in organizational groups. Administrative Science Quarterly, 42, 530-557.
・Jehn, K. (1995). A multimethod examination of the benefits and detriments of intragroup conflict. Administrative Science Quarterly, 40, 256-282.

051
・Parker, H., and du Plooy, E. J. (2021). Team-based games: Catalysts for developing psychological safety, learning and performance. Journal of Business Research. 125, 45-51.
・Sousa, M. J., and Rocha, A. (2019). Leadership styles and skills developed through game-based learning. Journal of Business Research, 94, 360-366.

052
・Mukerjee, J., and Metiu, A. (2022). Play and psychological safety: An ethnography of innovative work. Journal of Product Innovation Management.

053
・Daulay, S. F. and Mustika, M. D. (2021). Working from home during the Covid-19 pandemic: What is the impact on employees' psychological meaningfulness, Safety and Availability. Humaniora, 12(3).

056
①Sung, M. (2017). Antecedents of job engagement: The mediating role of psychological states. Doctoral dissertation, University of Georgia.
・Kanfer, R., Sawyer, J., Earley, P. C., and Lind, E. A. (1987). Fairness and participation in evaluation procedures: Effects on task attitudes and performance. Social Justice Research, 1(2), 235-249.
・守島基博（1997）「新しい雇用関係と過程の公平性」『組織科学』第31巻2号、12-19頁
・Leventhal, G. S. (1980). What should be done with equity theory? In Social Exchange. Springer, Boston, MA.

057
・前掲056①
・Garvin, D.A. (1993). Building a Learning Organization. Harvard Business Review, 71, 78-91.

058
・Ahmad, N., Ullah, Z., AlDhaen, E., Han, H., and Scholz, M. (2022). A CSR perspective to foster employee creativity in the banking sector: The role of work engagement and psychological safety. Journal of Retailing and Consumer Services, 67, 102968.
・Mosses, A. (2019). The antecedents and consequences of the Corporate Social Responsibility (CSR) disclosure-action portrayal gap. Master's Thesis, Macquarie University.

059
・Hu, C., and Wang, L. (2019). The influence of union-management relations climate on psychological safety and affective commitment in China. International Journal of Social Science and Economic Research, 4(3), 1605-1614.

■Part6

060
・前掲005③

061
・Edmondson, A. C., Kramer, R. M., and Cook, K. S. (2004). Psychological safety, trust, and learning in organizations: A group-level lens. Trust and Distrust in Organizations: Dilemmas and Approaches, 12, 239-272.

063
・前掲005③

064
・Pearsall, M. J., and Ellis, A. P. J. (2011). Thick as thieves: The effects of ethical orientation and psychological safety on unethical team behavior. Journal of Applied Psychology, 96(2), 401-411.

065
・Ou, Z., Chen, T., Li, F., and Tang, P. (2018). Constructive controversy and creative process engagement: The roles of positive conflict value, cognitive flexibility, and psychological safety. Journal of Applied Social Psychology, 48(2), 101-113.

066
・Carls, T. B. and Boehm, S. A. (2022). Age diversity as a risk factor for psychological safety in teams of older employees. In Academy of Management Proceedings. Briarcliff Manor, NY 10510: Academy of Management.
・Joshi, A., and Roh, H. (2009). The role of context in work team diversity research: A meta-analytic review. Academy of Management Journal, 52, 599-627.
・Homan, A. C., Van Knippenberg, D., Van Kleef, G. A., and De Dreu, C. K. (2007). Bridging faultlines by valuing diversity: diversity beliefs, information elaboration, and performance in diverse work groups. Journal of Applied Psychology, 92(5), 1189-1199.

067
・Tang, S., Nadkarni, S., Wei, L., and Zhang, S. X. (2021). Balancing the yin and yang: TMT gender diversity, psychological safety, and firm ambidextrous strategic orientation in Chinese high-tech SMEs. Academy of Management Journal, 64(5), 1578-1604.

068
・前掲041②
・前掲001①

Index

■ **問い合わせについて**

本書の内容に関するご質問は、QRコードからお問い合わせいただくか、下記の宛先までFAXまたは書面にてお送りください。なお電話によるご質問、および本書に記載されている内容以外の事柄に関するご質問にはお答えできかねます。あらかじめご了承ください。

〒162-0846
東京都新宿区市谷左内町21-13
株式会社技術評論社　書籍編集部
「60分でわかる! 心理的安全性 超入門」質問係
FAX:03-3513-6181

※ご質問の際に記載いただいた個人情報は、ご質問の返答以外の目的には使用いたしません。
また、ご質問の返答後は速やかに破棄させていただきます。

60《ろくじゅっ》分《ぷん》でわかる!
心《しん》理《り》的《てき》安《あん》全《ぜん》性《せい》 超《ちょう》入《にゅう》門《もん》

2023年6月6日　初版　第1刷発行

著者……………………伊達《だて》洋《よう》駆《く》

発行者…………………片岡　巌
発行所…………………株式会社 技術評論社
東京都新宿区市谷左内町 21-13
電話……………………03-3513-6150　販売促進部
03-3513-6185　書籍編集部
編集……………………株式会社 エディポック
担当……………………和田　規（技術評論社）
装丁……………………菊池　祐（株式会社 ライラック）
本文デザイン…………山本真琴（design.m）
レイアウト・作図……株式会社 エディポック
製本／印刷……………大日本印刷株式会社

造本には細心の注意を払っておりますが、万一、乱丁(ページの乱れ)や落丁(ページの抜け)がございましたら、小社販売促進部までお送りください。送料小社負担にてお取り替えいたします。

ISBN978-4-297-13399-3　C0034
Printed in Japan